中华优秀传统文化

（活页式教材）

主　编　王珂菲　赵　倩　关　迪

副主编　李秋彤　朱旭泽　邹红亮

宋佳妮　刘　凯　吴婧怡

北京理工大学出版社
BEIJING INSTITUTE OF TECHNOLOGY PRESS

版权专有 侵权必究

图书在版编目(CIP)数据

中华优秀传统文化 / 王珂菲,赵倩,关迪主编. --北京：北京理工大学出版社,2023.12
ISBN 978-7-5763-3319-0

Ⅰ. ①中… Ⅱ. ①王… ②赵… ③关… Ⅲ. ①中华文化-高等职业教育-教材 Ⅳ. ①K203

中国国家版本馆 CIP 数据核字(2023)第 254940 号

责任编辑：徐艳君	**文案编辑**：徐艳君
责任校对：周瑞红	**责任印制**：施胜娟

出版发行 / 北京理工大学出版社有限责任公司
社　　址 / 北京市丰台区四合庄路 6 号
邮　　编 / 100070
电　　话 / (010)68914026（教材售后服务热线）
　　　　　　 (010)68944437（课件资源服务热线）
网　　址 / http://www.bitpress.com.cn

版 印 次 / 2023 年 12 月第 1 版第 1 次印刷
印　　刷 / 河北盛世彩捷印刷有限公司
开　　本 / 787 mm×1092 mm　1/16
印　　张 / 11.75
字　　数 / 280 千字
定　　价 / 42.00 元

图书出现印装质量问题，请拨打售后服务热线，负责调换

前言

文化是一个国家、一个民族的灵魂，文化兴则国运兴，文化强则民族强。人类社会的每一次进步，文化都发挥了巨大作用，作出了不可磨灭的贡献。

中华文化博大精深、灿烂辉煌，承载了五千多年的历史积淀，是中国人的"根"与"魂"。它蕴含着一个国家最深刻的精神诉求，以及最为基本的精神基因，是中华民族特有的精神标志，更是当代中国得以繁荣发展的根本保证，同时中华文明得以对世界文明的发展作出巨大贡献的先决条件。总而言之，中华文化不仅呈现出了我国独特的历史传统，还在全球文化交流中发挥了积极作用，影响作用深远而持久。

中华民族在历史发展进程中，历经战火、分裂、入侵等种种挫折和磨难，但仍能摆脱文明断裂的危险而一脉相承，始终保持民族的融合、文化的和谐以及传统的延续，形成统一、连续的政治文化体，实现"亘古亘今、亦新亦旧"的创新发展，正是得益于中华优秀传统文化的强大支持。中华优秀传统文化塑造的中华民族既坚守本根又不断与时俱进，既盛德日新又兼容并蓄的民族性格，使中华民族在追求世界、国家、民族、文化、思想大一统的过程中，形成了强大的文化认同，极大激发了中华民族强大的生命力、凝聚力和创造力，成为维系中华民族永续发展的有力支撑。

中国共产党自成立之日起，既是中国先进文化的积极引领者和践行者，又是中华优秀传统文化的忠实传承者和弘扬者。一百多年来，中国共产党矢志不渝，团结带领全国各族人民，坚持把马克思主义和中华优秀传统文化结合起来，积极汲取中华传统文化中的有益养分，持续推进马克思主义中国化进程，走出了一条令国人振奋、世界瞩目的中国特色社会主义道路。

革命战争年代，以毛泽东同志为主要代表的中国共产党人，在继承和延续五四新文化精神的同时，确立了对中国传统文化进行批判性吸收、扬弃性继承的科学态度，形成了党的新民主主义文化纲领，并对传统文化进行积极利用和保护，从而为中华人民共和国成立初期党的思想文化发展打下了良好基础。中华人民共和国成立后，我们党对中国传统文化仍然坚持批判继承的科学态度，不仅提倡以马克思主义为指导对传统文化进行研究，而且非常重视对传统文化形式的改造，推动了传统文化向社会主义文化转变，促进了民族文化的发展繁荣。改革开放后，以邓小平同志为主要代表的中国共产党人，充分肯定传统文化的价值和作用，主张对传统文化采取历史的、阶级的、辩证的方法，明确提出把传统文化纳入社会主义精神文明的范畴。在现代化建设不断向前推进的形势下，以江泽民同志为主要代表的中国共产党人，明确提出社会主义现代化建设需要继承和发扬中华民族优秀文化传统，确立了在建设有中国特色社会主义中继承和发扬优秀传统文化的指导方针。进入新时代，以习近平同志为主要代表的中国共产党人提出了"文化自信"，将中华优秀传统文化作为国家软实力的重要组成部分，强调要全面认识祖国传统文化，加强对中华优秀传统文化思想价值的挖掘和阐发，使中华优秀传统文化成为新时代鼓舞人民前进的精神力量。至此，我们党以增强文化软实力为目的、以弘扬创新为主题的传统文化观初步成型，中国特色的社会主义文化建设进入了一个新阶段。

党的二十大以后，中国共产党从全面推进新时代中国特色社会主义事业的战略高度，深化我国教育改革，高度重视和大力弘扬中华优秀传统文化，采取了一系列重大举措，在理论和实践上都取得了前所未有的进展和成就。特别是注重从中华民族最深沉的精神追求看待优秀传统文化，进一步提升中华民族的文化自信，锻造了中国社会魂有所定、情有依归的牢固精神纽带和社会主义核心价值观；从国家战略资源的高度继承优秀传统文化，充分汲取传统思想文化的精华，开辟了在深厚传统思想中取精用宏、固本开新的治国理政新格局新境界；从推动中华民族现代化进程的高度创新发展优秀传统文化，融通马克思主义文化、世界文明成果，赋予优秀传统文化新的时代内涵，形成基于传统、跨越时空、融通中外、贴近当代、富有魅力的中国特色社会主义文化，得到了全世界中华儿女的高度认同，使之成为实现"两个一百年"奋斗目标和中华民族伟大复兴的强大精神力量。与此同时，党和国家积极推动中华优秀传统文化的对外交流和传播，注重提炼展示优秀传统文化的精神标识，以及蕴含其中的具有当代价值、世界意义的文化精髓，推动反映当代中国发展进步的价值理念、文艺精品、文化成果走向海外，极大提升了中国文化的世界影响力。

树立文化自信需要加强文化传承，而文化的传承关键要靠人来推动和实现。中华优秀传统文化作为中华民族的精神命脉和文化传承，应当也必须成为每一个中国人，特别是当代大学生的必备素养。

本书由吉林电子信息职业技术学院创新创业与素质教育中心一线教师编写，由王珂菲、赵倩、关迪担任主编，李秋彤、朱旭泽、邹红亮、宋佳妮、刘凯、吴婧怡担任副主编。

鉴于本书作者水平有限，出现错误在所难免，望广大读者不吝赐教，批评指正，作者在此表示感谢。

目录

绪　论　文化与中国传统文化 1

第一章　汉字与古代文学 10
　　第一节　汉字 11
　　第二节　古代文学 18

第二章　传统美德 37
　　第一节　探究美德 38
　　第二节　家风 41

第三章　传统服饰 45
　　第一节　汉族传统服饰 46
　　第二节　少数民族服饰 51

第四章　传统饮食文化 56
　　第一节　茶文化 57
　　第二节　酒文化 62
　　第三节　食文化 66

第五章　传统技艺 71
　　第一节　传统房屋建筑 71
　　第二节　传统手工艺 82

第三节　工匠精神……………………………………………………85

第六章　古代科技成就……………………………………………89
第一节　中国传统科学成就…………………………………………90
第二节　中国古代技术成就…………………………………………102

第七章　传统节日…………………………………………………112
第一节　汉族传统节日………………………………………………113
第二节　少数民族节日………………………………………………119
第三节　二十四节气…………………………………………………124

第八章　传统礼仪…………………………………………………129
第一节　古代政治礼仪………………………………………………130
第二节　古代生活礼仪………………………………………………137

第九章　传统体育运动……………………………………………141
第一节　汉族传统体育运动…………………………………………142
第二节　少数民族体育运动…………………………………………149

实践任务………………………………………………………………153

参考文献………………………………………………………………181

绪论

文化与中国传统文化

本章导读

我们要坚持以马克思主义为指导的基本制度，贯彻为人民服务、为社会主义服务的宗旨，推行百花齐放、百家争鸣的方针；坚持创造性转化和创新性发展。以社会主义核心价值体系为先导，大力发展社会主义先进文化、革命文化和中华优秀传统文化，充分满足人民群众的精神和文化需求，夯实我们党和人民团结一心、众志成城的思想基础，促进我国文化软实力和中国文化国际影响力的持续增强。

思维导图

```
                ┌─ 何谓文化
                ├─ 何谓传统
                ├─ 何谓中国传统文化
绪论 文化与       │                    ┌─ 有助于受教育者学会做人，提升国人的整体素质
中国传统文化 ─────┤                    ├─ 有助于更加准确而深刻地认识我们民族自身
                ├─ 学习中华优秀传统 ───┼─ 有助于更加准确而深刻地认识我们当前的国情
                │  文化的意义          ├─ 有助于增强民族自尊心、自信心、自豪感
                │                    └─ 有助于以理性态度和务实精神去继承传统，创造
                │                       中华民族更美好的未来
                └─ 如何学习中国传统文化
```

知识目标

❖ 了解中国传统文化涵盖的内容及中国传统文化的博大精深。
❖ 了解中国传统文化5000多年的发展与历史。

能力目标

- ❖ 能够吸收优秀传统文化的精髓和智慧，感悟传统文化的精神内涵。
- ❖ 掌握学习传统文化的科学方法，养成学习传统文化的良好习惯。
- ❖ 能够从文化的视野分析、解读当代社会的种种现象。

素质目标

- ❖ 培养对中华优秀传统文化的热爱，发扬并传承中华优秀传统文化。
- ❖ 厚植爱国情怀及民族自豪感，促进中国文化的发展。

21世纪，我们站在两个一百年奋斗目标的历史交汇点，教育承载着中华民族的伟大复兴重担。中华民族的伟大复兴和崛起，不仅仅是经济上的复兴和崛起，也是中国文化的复兴和崛起。先辈们曾经创造了辉煌灿烂的民族文化，形成了中华民族优秀的文化传承。文化的传承让我们中华民族取得一个又一个举世瞩目的辉煌成就，中华文明也成了世界文明不可或缺的一部分，至今仍在世界上有着举足轻重的影响。中华优秀传统文化是中华民族的血脉，更是每一个中华儿女的骄傲。

文化是国家民族的根基和底蕴，如何传承和弘扬中华优秀传统文化，进而创造中华民族的新文化，对于整个中华民族，尤其是广大青少年，有着十分重要的意义。

一、何谓文化

"文化"这一范畴非常广泛，要想准确地界定其含义十分困难。如今，"文化"一词已经深入现代社会的各个方面，几乎家喻户晓，妇孺皆知。例如，"旅游文化""企业文化""校园文化""服饰文化""饮食文化""建筑文化""茶文化""酒文化"已经成为较为常见的研究课题。因此，比起几年前，我们现在更容易谈论文化问题。在进行比较研究之前，必须对"文化"一词的起源和含义进行简要的论述。

正如大家已经注意到的，作为蕴含极为丰富的"文化"，也一直为多种学科所关注。尽管如此，其概念的内涵和外延一直都不是很明确。因为视角不同，对其界说也众说纷纭，而且在其研究中也充满了矛盾和困惑。

长期以来，文化被认为是无处不在、无所不包的人类知识和行为的总体。从人类文化学的观点看，文化有两层意思：一是正式文化，包括文化学、历史、哲学、政治等；一是普通文化，即变通的社会习俗和惯例，如风俗习惯、礼仪、婚丧、庆典、节日等。总之，人们的一举一动、一言一行均自觉或不自觉地反映了一定的文化熏陶和修养。

从中文文献记载来看，"文化"这个词的意思，早在2000多年前就已经出现了。《周易·贲》中有"观乎天文，以察时变；观乎人文，以化成天下"之说。这句话的意思是，统治者通过观察天象，可以了解时序的变化；通过观察人类社会的各种现象，可以用教育感化的手段来治理天下。这大概是中国人论述"文化"的开始，但此时"文化"二字还没有连在一起。汉代出现了"文化"一词，但指的是与国家的军事手段（即"武功"）相对立的概念，即国家的文教治理手段。唐代文人在解释前引《周易·贲》中的那段话时认为："圣人观察人文，则诗书礼乐之谓。"这实际是说，人类社会的文化，主要指文学艺术和礼仪风俗等属于上层建筑的那些东西。古人对"文化"概念的这种规定性始自汉唐，一直影响到明清。顾炎武在《日知录》中说："自身而至于家国天下，制之为度数，发之为音容，莫非文也。"即人自身的行为表现和国家的各种制度，都属于"文化"的范畴，可见，中国古代的"文化"概念指的是狭义的精神层面的东西。

西方的"文化"一词，来源于拉丁文Cultura，它的意思是耕种、居住、练习、注意等。德语的Kultur和法文的Culture，也是土地的开垦、栽培、种植之意，但又引申为对人的性情的陶冶和品德的培养。这里的意思就包含了从人的物质生产到精神生产两个领域。可见，西方"文化"的含义比中国古代"文化"的含义要宽泛得多。1871年，英国文化学家爱德华·泰勒在《原始文化》一书中给"文化"下了这样一个定义，说它是"包括知识、信仰、艺术、道德、法律、习俗和任何人作为一名社会成员而获得的能力和习惯在内的复杂整体"。这一观点影响巨大，在文化史的研究方面曾有开先河的作用，现在则可以作为我们了解和认识"文化"的参考。

近代的马克思主义理论家对"文化"做了一种新的解释，即把"文化"分为广义和狭义两种，正如苏联哲学家罗森塔尔·尤肯所说："文化就是人们在其社会历史活动中所产生的各种物质与精神方面的积累。"从狭义的角度看，"文化"是指在特定物质材料生产条件下，出现并发展起来的各种社会和精神生活形态的总和，这种表述在1979年的《辞海》中也基本沿用。然而，人们对此并没有完全认同，对于"文化"的界定仍存在许多不同的看法和争议。

在我们看来，人类学者对文化的界说，尤其是社会语言学家戈德朗夫关于文化的定义似乎更符合现代人的文化观点：所谓文化，就是"所有人都应该知道并信仰的事物，以便他们的行为能够被社会中的其他成员所接纳"。与生物基因不同的是，文化必然以广义的含义构成，即学问的最终产物。从广义上说，文化包括一个人的思想、言语、行为和情感，各民族因其独特的生态环境和自然条件，产生了各自独特的文学形式，并受到自身文化的影响。

无论对"文化"作何种界定，有一点是明确的：人是文化的中心。有了人，才有文化，文化是人类智力和创造性的集中表现。（注意：只有当个体文化心理和文化行为成为社会中的普遍观念和行为模式时，或者说成为一定社会和社会群体的共同意识和共同规范时，它才可能成为文化现象。）人类既是文化的创造者，也是文化的享受者和改造者。虽然人类受到文明的约束，但同时也是积极的推动者，没有人类的积极创新，文化将失去光彩、活力和生命。因此，我们对文化的认识与学习，就是对人类创造性思维、创造性行为、创造性心理、创造性方法以及最终结果的考察。由此看来，文化的特点有以下五个值得重视的方面：人；群体共享；内容广泛复杂，为一复合整体；一个社会具有一个主导文化，还有亚文化存在（语言与方言）；社会成员掌握与转换文化与亚文化。

本书认为，我国的文化构成可以分为四个层面：

① 物质文化层：这是人类物质生产行为及其产物的总和，是可以看到、触摸到的实际存在的东西，比如人们的衣食住行等。

② 制度文化层：这是指个体通过长期的社会生活形成的，用来约束自身行为和调整彼此关系的规则。

③ 行为文化层：这是人们在长期的社会互动过程中形成的习俗和惯例，是一种社会的集体行为，而非个体的任意妄为。

④ 精神文化层：这是指人类的思想观念，包括价值观、审美趣味、思维方式以及文艺创作等方面的内容。这是文化的精髓所在。

二、何谓传统

所谓传统，就是从历史沿传下来的思想、文化、道德、风俗、艺术、制度以及行为方式等，对人们的社会行为有无形的影响和控制作用。

有人说，传统文化就是"传统社会"的文化。"传统社会"是和"现代社会"相对的，而中国的传统社会是"封建社会"。这样一来，中国传统文化就成了中国的"封建文化"，不但不应该弘扬，反而应该被打倒。事实上，尽管中华传统文化中仍存在一些"封建残余"，但在中华民族的历史长河中，这并不是封建主义的主要特征。相反，中华民族是一个勤劳节俭、爱好和平的民族，一代又一代人通过共同努力，缔造了一种具有重要价值的文化。

三、何谓中国传统文化

中国传统文化是在中华文化的演进和积累过程中形成的，体现了本民族的特点和面貌。它是一个民族历史上各种思想和文化的综合体现，由生活在中国地区的中华民族及其先人创建，并经过世代传承和发展，具有明显的民族特色。中国传统文化历史悠久，内涵博大精深，拥有优良的传统。中国传统文化是中华民族几千年文明的结晶，除了儒家文化这个核心内容，还包含其他文化形态，如道家文化、佛教文化等。

中国的传统文化历久弥新，是一代又一代中国人共同创造并传承的文化瑰宝。所谓传统，就是代代相传的文化。文化的传承有多种方式，例如，每个中国人都会用筷子，书写汉字，不少人从小就熟悉王羲之的笔迹，能倒背中国古典诗词。这种有意识或无意识的继承，使14亿中国人拥有共同的语言和文化，这是一种无与伦比的荣耀。通过这种"文化继承"与"凝聚"的力量，我们可以感受到中华传统文化的深远影响。中国传统文化源远流长，是几千年来中国人民智慧的结晶，色彩斑斓，灿烂辉煌。它通过一代代传承，形成了中国人独特的文化遗产，融入我们的血液，形成了独特的文化基因。中国传统文化不仅是一种丰富的文化体系，更是一种民族精神的体现。

中国是一个兼容并蓄的民族。若将中国的文化比作一出波澜起伏的多幕话剧，那么"中国"就是表演的舞台，"中国人"是表演的主要对象，"文学"就是表演的内容。中国有56个民族，他们都为中国文明的发展作出了巨大贡献。中原农业文明地处黄河流域，是中国传统文化的核心，但在华夏文明的发展过程中，各民族的游牧文明始终处于激荡、学习与交融的过程之中。唐代的灿烂文明就是一个例子，它广泛吸纳和融合了西部少数民族的文明。中国传统文化的兼容并蓄，也体现在不同思想流派的争鸣与融合之中。中国文化发展史上，不同流派（例如孔子和道家）彼此争论、互相吸纳。中国传统文化在面对异域文化时，表现出极大的开放和包容，尤其是在佛教的中国化进程中，更是如此。

中国传统文化在形式上保持稳定。它以海纳百川的姿态吸纳别人的优点，同时维持自己的稳定形式，显示出强大的活力与凝聚力。中国传统文化的根本内涵包括：中华民族以勤劳闻名，体现为"刚健有为"和"自强不息"的精神；中国人民爱好和平，追求和谐，体现为"和而不同"和"天人合一"的理念；崇礼尚文，体现为"厚德载物"和"人文化成"；富于辩证智慧，体现为"刚柔相济"和"阴阳协调"。这些内涵贯穿并体现在中国传统文化的各个层面，使其形成一个不断发展的稳定文化系统。

中国传统文化内涵丰富，不仅具有灵性，更富有多元内涵。它包括礼仪制度、传统道德、宗教信仰、诗词歌赋、文学艺术、教育科技、琴棋书画、汉语汉字、音乐舞蹈、戏剧戏曲、中医药、养生健身、武术、美食、美酒、服饰、风俗习惯、建筑园林、铸造雕刻、瓷器玉器等。中国各族人民的日常生活都充满了文化的气息，如名字文化、生肖文化、生日文化、节气文化、成语文化等。

中国传统文化历史悠久、内涵丰富，它以通俗易懂的方式传播，深深融入了中国人的血液之中。例如，一些未受过教育的农民，其言谈举止无不受到中国传统文化的深刻熏陶。

虽然很多华侨、华裔在海外生活很长时间了，有的甚至已经不会讲中国话了，但他们的行为、思维方式，仍然是"很中国的"，这说明中国传统文化的影响非常大，这也是中华民族精神基因的传承。中国传统文化对中华民族发展所起的作用是不可低估的。本书将重点从汉字与古代文学、传统美德、传统服饰、传统饮食文化、传统技艺、古代科技成就、传统节日、传统礼仪以及传统体育运动方面带大家领略中华优秀传统文化。

四、学习中华优秀传统文化的意义

对于大学生来说，进行中华优秀传统文化的教育尤其必要。当今世界多极化、经济全球化深入发展，社会正处于深刻变革时期，再加上现代传播技术的迅猛发展，各种思想文化的交流、交融、交锋更加频繁，给人们的思想观念带来了极大的冲击。在新的时代背景下，当代青年的思维方式越来越独立，价值追求也愈加多元化，人格特征愈发鲜明。然而，社会上的某些不良思潮和道德行为给他们的健康发展带来了不可忽视的冲击。培育中华优秀传统文化，对促进高校学生树立国家文化和价值的信心，并自觉实践社会主义核心价值观，具有非常重大的意义，这主要表现在以下几个方面：

（一）有助于受教育者学会做人，提升国人的整体素质

一直以来，我们都重视教育学生学习知识和技能，这固然重要，却忽略了一个更关键的问题，那就是"如何做人"。"学会做人"就是要学习如何与人相处，如何与社会相处。用现代中国的语言来说，就是要具有爱国主义思想、集体主义精神和社会主义思想，崇高的品德，正确的世界观、人生观和价值观。传统文化更像是一种可以教导人们如何做人的文化，它十分重视伦理和个人修养，因此，中华传统文化也可以被归纳为一种具有"伦理性"的文化。

《大学》首次提出了"君子之道，在于明德惟仁，以仁为本"的理念，并强调了"正直，诚意，修身，齐家，治国，平天下"的思想。"大同"之说，是一种将个人道德要求与完美结合的理想。孔子（图0-1）所倡导的"仁者爱人"（《论语•雍也》），以及"以其人之道还治其人之身"的思想，渗透着如何为人处世的道德和灵魂。儒家崇仁尚义，强调节操和道德，而道家提倡"不为境累，不为物役""弃圣弃智""净身"，其实都是对完美人格的追求和对个人价值的渴望。

图 0-1 孔子

以儒家思想为核心的育人思想是中华文化的精髓，也是主流。这种以礼为本、崇仁尚义、追求高尚完美人格的人文教育传统，在对受教育者进行思想情感熏陶、感染和人格形成方面有着举足轻重的影响，它培养出了一代又一代的杰出人才，成为中华民族存在与发展的支柱。

（二）有助于更加准确而深刻地认识我们民族自身

当今世界是一个紧密相连的大环境，随着人们之间的交往日益广泛，"地球村"正变得更加狭小。在这种情况下，每个中国人都必须认真思考，以何种态度和方式参与"地球村"的竞争与协作关系。要准确把握一个国家的文化特质，比起了解其身体特征（如肤色、头发和眼睛的颜色）更为困难。然而，无论哪个国家的文化形式如何丰富多彩，总能找到其主要的色调和主题。这就是英国人举止优雅，德国人准确高效，美国人自由开放，日本人善于采集异国文化的原因。我们可以从人群中大致分辨出各个国家的人的特点。

尽管每个国家内部有着不同的阶级、阶层、集团、党派及个人教育与个性的差异，但它还隐藏着在漫长的共同生活和社会实践中所产生的，并被该族群大部分成员所认可的价值取向、思维方式、道德规范和精神气质等。这种特质构成了一个国家生存与发展的精神支撑，即民族精神。

（三）有助于更加准确而深刻地认识我们当前的国情

古代中国在长期的发展过程中，无论是在经济、文化还是科技等各方面，都一直居于全球领先位置。直到明代中期，中国的发展才开始出现停滞和衰落，与西方强国的差距也日益拉大。在现代，思想先锋在反省的同时，将中国的衰落归结于儒家等中国传统文化，从而发动了一场"推翻孔子"的运动。然而，在1960年代和1970年代，以中国传统文化为根基，建构起"中华文化圈"的东亚国家在其发展过程中表现出惊人的速度，尤其以儒家思想为中心的文化对经济基础产生了正面影响。由此可见，继承和发扬中国的优秀传统，对我国的经济建设具有重要的促进作用。

当前，中国处于中国特色社会主义建设的新时期，中国人民团结一致，为实现中国梦共同努力。要实现这一伟大事业，首先要对中国的具体情况有清晰的认识。"国情"并非虚言，它的本质是一个民族的发展历程和现实状况。几千年的传统文化为我们提供了丰富的精神财富，同时也带来了沉重的负担。尽管我们对西方资本主义文明中有益成分的吸纳还不够，但它所产生的消极作用却值得我们警醒。深入分析传统文化和外国文明对当今中国的冲击，并对其发展历程进行归纳和概括，是目前认识我国现实状况的一项重要工作。

（四）有助于增强民族自尊心、自信心、自豪感

中华传统文化在全球范围内都具有悠久的历史，是目前仅存的一种未曾断裂的古代文明。作为一种具有特殊价值体系和思想方法的东方文化，它不仅是一种宝贵的财富，也是促进世界文化进步的重要力量。传统文化中包含许多璀璨成就，至今仍具有重要的参考价值，其中许多方面超越了西方，长期走在世界前列，甚至在科

技方面也是如此。

中国文化具有深厚的传统，在很长一段时间里，它一直引领世界文明，为人类的进步作出了重要贡献。通过对中国文化的研究，我们能够更好地认识自己，把握中华民族的精神，增强民族自尊心和国家责任感，提升自信心，并在全社会发扬光大。

（五）有助于以理性态度和务实精神去继承传统，创造中华民族更美好的未来

马克思曾经说过，人民自己制造自己的历史，但他们并不按照自己的意愿，也不按照自己选择的情况进行创作，而仅仅根据他们自己的经验，从过去的经验中继承了过去的经验。中国的优良传统，是中国人过去、现在和将来的"既定状况"。

传统不仅是一种生活方式，也是一种创新方式。有了这一制度，人类的精神和物质上的成就都得到了很大的发展。因此，凡是立志为国家前途尽心尽力的中国人，都应该了解和剖析中华传统，学习和研究中华优秀传统文化。这样，才能更好地培养理性和实用主义精神，成为促进国家发展的最佳途径。

五、如何学习中国传统文化

我们今天应当如何学习中国传统文化呢？

第一，去芜存菁。我们不能将中国的传统文化与封建旧文化混为一谈，但也不能否认，传统文化是在封建基础上发展起来的。封建统治者为了维持自身的长期稳定，将传统文化视为保命符，对其进行改造和控制，特别是以儒学为中心的思想体系。许多思想如"三纲五常"和封建阶级思想、男尊女卑思想等，都是封建社会的残余，应加以批判和抛弃，而不是继承。

第二，以德育人为根本目的。教育的基本使命是立德树人，中国传统文化的重心也是立德树人。这与现代以学问和职业为本的西方教育有本质区别。在弘扬中国传统文化的同时，我们要关注当今社会发展的重大问题，着力于大学生的文化育人，重点在于如何做人。我们应将中华优秀传统文化精髓提炼出来，并与现代年轻人的实践相结合，把道德教育与学生成长联系起来，使其在继承中国传统文化的同时，解决成长中的现实问题。

第三，在实践中进行教学活动，使学生在实践中获得知识。传统文化研究具有自己的特征和规则。在教学过程中，不能只传授知识，而要通过教学活动提高学生的综合素质。文化贯穿于人的活动、行为和知识之中，包括精神文化、行为文化、器物文化、技艺文化、艺术文化和区域文化等。我们要通过真实的亲身体验，让学生感受文化的内涵和积极精神追求，从而提升他们的素质。教学不仅要在课本上、教室里进行，还要在社会上和实践中进行，通过中国传统文化的体验提高学生的综

合素质。

第四，以继承和创新中华民族的优良传统为己任。继承中华优良传统是对中国文化的继承和发展，同时也要进行创造性的继承。中国传统文化有其独特优点和特点，但也存在一些弊端。现代中国的仁人志士在建立中国文化方面进行了艰苦斗争，并取得了一些成就，但与其所处的社会环境相比，仍存在不小的差距。今天的中国在改革和发展的过程中逐渐与国际接轨，但这种改革和发展也带来了新的不适。作为中国人，我们必须传承中国的文明，既不能丢弃中国的优良传统，也不能固守祖先的东西。我们需要在继承和创新之间寻找出路，这种责任显然需要年轻人来承担。

中华优秀传统文化必将在与时代精神的结合中散发夺目的光芒，推动中华民族常胜不败，实现伟大的复兴。

第一章
汉字与古代文学

 本章导读

　　语文的学习，是从对汉字的学习开始的。在很久很久以前，语言就应人类交流信息的需要而产生了。可那时还没有文字，人们要记事的时候，就用绳子打上一个结，这被称为结绳记事。结绳的方法只能记录简单的事件和数字，要记录更复杂的事件怎么办呢？人类就开始用木炭、石块等工具，在石头上画下各种生动的画面，很多事件的情景就这样被生动地记录下来了。本章我们将一起了解汉字与古代文学。

思维导图

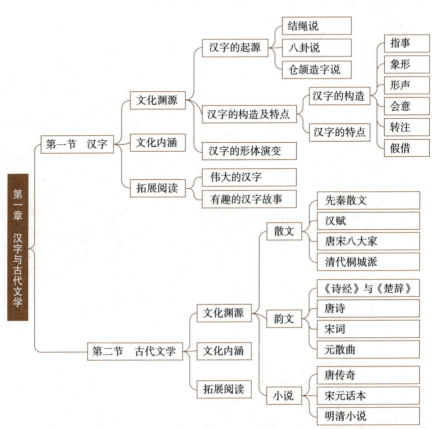

第一节 汉字

知识目标

- 了解汉字的起源与发展历史,体会汉字的博大精深。
- 了解汉字的性质、特点、构成及关联的内涵。

能力目标

- 熟知中国语言文字发展知识。
- 能够分析古今语言的差别、姓名称谓等具体知识。
- 领会中国传统思想、文学、艺术、科技、汉字等方面的文化精髓。

素质目标

- 提高文字处理能力,提升职业技能与职业素养。
- 通过汉字的发展感受文化的变迁。

一、文化渊源

(一)汉字的起源

上古先民所采用的原始记事方法主要有结绳(图1-1)、木刻、图画以及在器物上画刻。关于汉字的起源,古代有结绳、八卦、仓颉造字等说法。

1. 结绳说

《十三经注疏》引郑玄注曰:"事大,大结其绳;事小,小结其绳。"东汉文字学家许慎在《说文解字·序》中说:"及神农氏结绳

图1-1 陕西博物馆关于结绳记事的介绍

为治而统其事,庶业其繁,饰伪萌生。"结绳记事的方法是所有原始民族通常会采用的方法,但是帮助人们记忆的工具同交流思想的工具毕竟不能相提并论,结绳不具有广泛性与社会性,所以它有别于文字。

2. 八卦说

《说文解字》(图1-2)上载:"古者庖羲氏之王天下也,仰则观象于天,俯则观

法于地，视鸟兽之文与地之宜，近取诸身，远取诸物，于是始作《易》八卦，以垂宪象。"这里还未明确提及八卦与文字之间的必然关系，而在汉代的纬书《易纬·乾凿度》中则明确地把八卦当作天、雷、泽、火、风、水、山、地八字。但据考证，八卦的产生晚于甲骨文，因此，将八卦作为汉字源头是无法成立的。

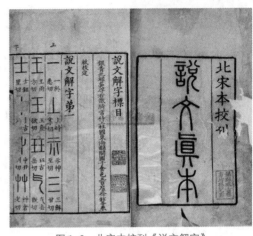

图1-2 北宋本校刊《说文解字》

3. 仓颉造字说

传说造字者为黄帝的史官仓颉（图1-3）。相传，仓颉负责整理文字一类的工作。汉代许慎（图1-4）在《说文解字·序》中试图对仓颉造字作出比较圆通的解释，他说："黄帝之史仓颉，见鸟兽蹄迒之迹，知分理之可相别异也，初造书契……仓颉之初作书，盖依类象形，故谓之文。其后形声相益，即谓之字。文者，物象之本；字者，言孳乳而浸多也。著于竹帛谓之书。书者，如也。以迄五帝三王之世，改易殊体，封于泰山者七十有二代，靡有同焉。"仓颉所处的年代约为公元前26世纪。其实，系统的文字工具不可能完全由一个人创造出来，而是由许许多多像仓颉这样的古代史官慢慢丰富起来的，仓颉只不过在这些人当中起的作用比较大而已。人们所重视的不是汉字到底是不是由仓颉造的，而是造字这件事本身的意义。汉字的出现，标志着中国历史进入了有文字记载的时代，是中国文化长河中的一件大事，对后世有着非常重要的影响。

图1-3 洛南县仓颉雕像

图1-4 许慎雕像

（二）汉字的构造及特点

1. 汉字的构造

从甲骨文里，大致已能看出汉字的构形规律，即人们常说的"六书"，这个规律最早是由许慎总结出来的，在《说文解字·序》中他把"六书"之名定为指事、象形、形声、会意、转注、假借。

汉字的图画根源

（1）指事

指事是以象征性的符号来表达意义的造字法。所谓指事，含有标志事物、指明事物的意思。许慎说："指事者，视而可识，察而见意，上下是也。"指事字或是用形体简单的符号记录词义，如"上""下""一""二"等；或是在象形的基础上加抽象的指事符号或区别符号以构成新字，如木上曰"末"，木下曰"本"。指事字所记录的词义无法用单纯的象形手段构拟字形，因此，便用像"一"这样的指事性或区别性符号来提示。

（2）象形

象形是描摹实物形状的造字法。许慎说"象形者，画成其物，随体诘诎，日月是也"（图1-5），是说象形的造字方法是描绘物体的轮廓图形，随着物体外部的轮廓而确定线条的直与曲。

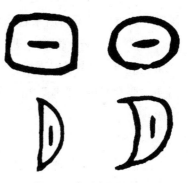

图1-5 象形字"日、月"

（3）形声

许慎说"形声者，以事为名，取譬相成，江河是也"（图1-6），所谓"以事为名"，即根据事类（指意义）而造成或选取一个字作为义符，再取一个读音相同或相近的字来标声，即"取譬相成"，构成新字。"江""河"二字，原本是为专指长江和黄河而造的字，由于"江""河"均属水类，所以都用"水"来做义符，然后又根据"江""河"的发音分别选取了读音相当的"工""可"来做声符。《说文解字》中举例子：

图1-6 形声字"江、河"

"论"从言仑声，"秧"从禾央声，其中"言"和"禾"是义符，表示"论"同说话有关，"秧"同禾有关，"仑"和"央"是声符，表示"论"和"秧"的读音。形声字在甲骨文中占20%，但在现代汉语中却占80%以上。

（4）会意

会意是根据事物间的某种关系而组合两个或两个以上的独体字来构成新字的造字方法。许慎说："会意者，比类合谊，以见指撝，武信是也。""类"指事类，"谊"

同"义","指"的意思是"旨意"。会意就是会合两个或两个以上字的意义合成一个新义的造字法,这种组合造字,在造字法上是一种进步。会意字有两种类型:第一种是形合会意字,第二种是义合会意字。例如,小土为"尘",日月为"明"(图1-7),一个人靠着树为"休",羊大为"美"。

甲文　　　　金文　　　　说文古文　　　　小篆

图1-7 "明"的古体字

(5) 转注

许慎说:"转注者,建类一首,同意相受,考老是也。"一类意义相同的字,应属于"一首"之下。后来各家解释不同:①形转,有以"一首"指字形上同一部首的("考"和"老"同属"老"部);②音转,有以"一首"指词源上同韵或同声的("考"和"老",同属一韵,"颠"和"顶"同属一声);③义转,有以"一首"指同一主要意义的("考"和"老"两字的主要意义相同,都有"长寿"之意,可以互调)。

(6) 假借

许慎说:"假借者,本无其字,依声托事,令长是也。"即语言中某些词有音无字,借用同音字来表示。例如,"来"本义是"小麦",借作来往的"来","求"(裘)的本义是"皮衣",借作请求的"求"。

所有的汉字都由六种造字方法构建而成,所有的汉字都由大约300个基本字根构成,六书和字根成为汉字的根蔓。大体说来,指事、象形、形声、会意是文字构造的条例,转注、假借是文字运用的条例,而后两种作为造字法,有不够严密之处。从汉字的产生、演变和构造规律可以看出,汉字源于人类的日常生活。每一个基础汉字,后面都有一类物象场景作为支撑,由此可见,汉字与古人的生活有着密切关系。

2. 汉字的特点

文字是记录语言的书写符号系统,意义和声音是语言的两个属性。与世界其他古文字的产生及发展规律相比,汉字有其自身的一些特点。

(1) 汉字是表意文字

汉字是音义结合的文字,属于表意文字体系。表音文字长于语音信息的表达,字符和语音联系密切；表意文字长于语义信息的表达，和语义联系密切，这是不同文字的根本区别。汉字的音符是非专职的，而表音文字的音符是专职的。汉字的音符既可借来充当音，也可借来充当义，如"耳"，可作"聆"的义符，也可作"饵"的音符。

（2）汉字基本是一字一音，字形和音节相对应

一个汉字代表一个音节，一个语素基本上也是一个音节，因此，汉字和语素是相对应的，用汉字记录汉语语素非常合适。不过，汉字同语素对应，并不是说汉字与语素相等，毕竟汉字是文字单位，而语素是语言的最小单位。汉字和语素间的复杂关系表现在，一个汉字可能表示几个不同的语素，如"米"可表示"大米"的"米"，也可表示长度单位的"米"；"站"表示"站立"和"车站"的意义。汉语传统中还有一些联绵字，都是两个汉字记录一个语素的，如"窈窕""秋千""琵琶""蜘蛛""犹豫""踌躇"等。当然，大部分汉字是一个汉字表示一个语素的。

（3）汉字是平面型文字

文字符号的结构有两种方式：一种是线性排列，如表音文字 made in China；另一种是平面组合，如汉字。汉字在平面内纵向横向同时展开，不管有多少成分，都要均衡分布在一个框架里，呈方块形，又称方块字。相对表音文字，其具有方便阅读、快速阅读的优点，但因其字体笔画多，影响书写速度。

（4）汉字是形音义的统一体

因为汉字所记录的是语素，而语素是音义的统一体，每个语素既有声音又有意义，加上汉字的形体，所以汉字是形、音、义的统一体。一个汉字，可能代表几个语素，也可能表示几个音节，但是独立地看，每个汉字必定是表示一个音节的，必定是表示一个语素的，而且必定是有形的，所以汉字是形、音、义三位一体的，是形、音、义的统一体，三者之间密不可分。这一点与音素文字和音节文字是不相同的。例如，英文的字母 a、b、c、d、e 等，它们有形体，有自己的读音，但是没有意义，因此不是形音义的统一体，因为它们记录的是语言中的音素、音节，没有独立地和语素对应，因此单独看都是没有意义的。

（5）汉字有较强的超时空性

汉字的超时空性，可以从两个方面来认识：一是古今一致性比较强，二是具有沟通方言的特殊作用。

汉字的超时代性就是古今可通。上千年前的文献中的汉字，人们今天照样认识，其中看不懂的，不是汉字本身，而是古今语素意义的变化。

汉字的超时空性具有特殊的沟通方言的作用。汉语方言复杂，有七大方言，细分的话更多，而且各方言间的差别特别大。口头上，不同方言区的人根本不能进行交谈。但如果用汉字进行沟通，就出现了非常奇妙的现象：无论是上海人、广东人，还是湖南人、福建人，他们互相沟通毫无障碍。假如没有汉字，不同方言间的人们

交往怎样进行，恐怕难以想象。

（6）汉字用于机械处理和信息处理比较困难

首先，汉字数量多，现代汉语通用字有 7000 个，如果涉及专业领域的用字，则数量更多，这么多的汉字机械处理起来比较困难。其次，汉字结构复杂，大多数汉字笔画在 10 画左右，多的有几十画，而且汉字笔画和部件组合的模式也非常复杂，有些字信息处理非常困难。相比而言，拼音的音素文字由于数量有限，机械处理就没有障碍，只有 26 个，加上大写字母也只有 52 个，加上其他字符（如标点符号等），总量不超过 100 个。所以，英文的字符可以全部搬上键盘，而把 7000 个汉字照搬上键盘，那简直是不可想象。

（三）汉字的形体演变

汉字经过了 6000 多年的变化，其演变过程是：甲骨文（商）—金文（周）—大篆小篆（秦）—隶书（汉）—楷书（魏晋）—行书。以上的"甲金篆隶草楷行"七种字体称为"汉字七体"（图 1-8）。

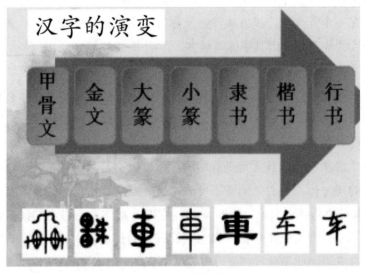

图 1-8　汉字七体

党的十八大以来，以习近平同志为核心的党中央高度重视语言文字工作。习近平总书记就推广普及国家通用语言文字、传承弘扬中华优秀语言文化等作出一系列重要指示批示，为新时代语言文字事业发展提供了思想指引和行动指南。习近平总书记强调："全面加强国家通用语言文字教育，不断提高各族群众科学文化素质。"习近平总书记致信祝贺甲骨文发现和研究 120 周年时，要求"深入研究甲骨文的历史思想和文化价值，促进文明交流互鉴"。党的二十大胜利闭幕后，习近平总书记在河南安阳考察时强调："中国的汉文字非常了不起，中华民族的形成和发展离不开汉文字的维系。"2020年，全国语言文字工作会议的召开和《国务院办公厅关于全面加强新时代语言文字工作的意见》的印发，充分体现了党和国家对新时代语言文字工作的高度重视。

在党中央坚强领导下，语言文字事业取得历史性成就：实现了国家通用语言文字在全国范围内基本普及、语言交际障碍基本消除的历史性目标，有力促进了社会主义现代化建设和社会发展进步，助力乡村振兴发展和扎实推进共同富裕；深入传承弘扬中华优秀语言文化，实施古文字与中华文明传承发展工程、中华经典诵读工程等，推动甲骨文成功入选联合国教科文组织"世界记忆名录"，开展中国汉字听写大会、中国诗词大会等系列语言文化品牌活动，引领语言文化传承弘扬和创新发展，文化自信更加坚定，民族凝聚力显著增强；建设全球中文学习平台，开设网络中文课堂，实现国际中文教育创新发展，加快国际中文教育数字化发展。党的二十大报告中又再次强调了"加大国家通用语言文字推广力度"。

二、文化内涵

汉字既是记载中华民族文化的一种外在符号、标志，又是中华民族文化本身的一个非常重要的组成部分。象形、指示、会意、形声这四种造字法，都是以客观存在为依据，以人为中心，体现了天人合一的哲学思想和关注现实人生的人本精神。汉字不仅本身具有极大的文化价值，而且还是中华传统文化的载体，它使中华民族悠久灿烂的文化经历几千年仍得以完整保存和传承。与中华文明共存共荣的汉字，正以独特的形式绽放着经久不息的生命力。

党的二十大报告中指出，"从现在起，中国共产党的中心任务就是团结带领全国各族人民全面建成社会主义现代化强国、实现第二个百年奋斗目标，以中国式现代化全面推进中华民族伟大复兴。"而中国式现代化的本质要求是："坚持中国共产党的领导，坚持中国特色社会主义，实现高质量发展，发展全过程人民民主，丰富人民精神世界，实现全体人民共同富裕，促进人与自然和谐共生，推动构建人类命运共同体，创造人类文明新形态。"汉字的发展，印证着人与自然的和谐共生；语言文字的现代化，促进了民族融合，推动发展人类命运共同体。

三、拓展阅读

伟大的汉字

有趣的汉字故事

第二节 古代文学

知识目标

- ❖ 了解中国古代文学的渊源与发展历史，体会中国古代文学的文化精华。
- ❖ 了解中国古代文学的基本轮廓、伟大成就、兴衰变异、联系、交融等状况。

能力目标

- ❖ 熟悉中国古代文学发展概况。
- ❖ 掌握中国古代文学各阶段的主要成就。
- ❖ 掌握中国古代文学的基本精神。
- ❖ 能阅读赏析中国古代文学诗词名篇。

素质目标

- ❖ 提升古代文学素养，提升民族自豪感及爱国情操。
- ❖ 提高审美情趣，为弘扬中华优秀传统文化作出应有贡献。

一、文化渊源

中国古代文学是中国古代文化中最重要、最具活力的一部分，深刻而且生动地体现着中国传统文化的基本精神。它赋予了传统文化深厚的底蕴，为中华民族积累了丰厚的文化遗产。

从先秦散文、汉赋，到唐诗宋词、元曲和小说，连绵数千年，中国古代文学不断创造出反映人民生活和时代精神的文学奇观。本书从散文、韵文和小说三种分类方式简述中国古代文学。

（一）散文

1. 先秦散文

先秦散文内容丰富多彩，形式多种多样，主要分为历史散文和诸子散文。中国古代很早就有史官的建制，"左史记言，右史记事"，史官的记录成为史书，也就是所谓的历史散文。春秋战国时期百家争鸣，各家纷纷著书立说，这就是所谓的诸子散文。

（1）历史散文

历史散文是中国散文的发轫，主要保存在《尚书》《春秋》《左传》《国语》和《战国策》中。其中，《尚书》被认为是我国第一部历史散文，它的出现标志着古代散文已经形成。先秦时期，文学与非文学的界限还不分明。当时的散文，只能说是与韵文相对的一种文体，基本上是哲学、政治、伦理、历史方面的论说文和记叙文，但由于它们具有较强的文学性，在中国文学的发展中产生过很大影响，因而被视为先秦文学的一个重要组成部分。

《左传》在"春秋三传"中文学价值最高，相传为鲁国左丘明所作。《左传》记载了春秋时期250多年间各国的政治、外交和军事活动，包括聘问、会盟、征伐、篡弑、婚丧等内容，除了记录诸侯、卿大夫的活动之外，也涉及商贾、卜者、乐师、百工、皂隶等社会阶层，叙写了广阔的社会生活画面，深刻反映了当时诸侯角逐、社会急剧变革的历史。此外，《左传》善于描写战争，其中晋楚城濮之战、秦晋殽之战、晋楚邲之战等写得尤为出色。同时，《左传》也善于刻画人物，尤其是在对具体事件的叙述中展开人物形象与性格的描绘，重耳、郑伯、楚灵王、子产等人物都写得栩栩如生。图1-9所示为国家博物馆馆藏《左传》明刊本，是为史书《春秋》所作的注解。

图1-9　国家博物馆馆藏《左传》明刊本

（2）诸子散文

春秋末年，随着社会的急剧变动，"士"阶层兴起、壮大，并成为最活跃的社会力量。他们针对当时的社会现实，提出了各种不同的政治主张，展开辩论，这就形成了中国历史上"百家争鸣"的局面，随之产生了以论说为主的诸子散文。先秦诸子散文的发展大致经历了三个时期：第一个时期是春秋末年到战国初期，此时的散文主要是语录体，代表作品是《论语》（图1-10）。第二个时期是战国中叶，散文已由语录体向对话体、论辩体过渡，代表作品是《孟子》（图1-11）和《庄子》（图1-12）。第三个时期是战国后期，散文发展成专题论著，代表作品是《荀子》《韩非子》。

《论语》主要记载了孔子及其弟子的言行，语言简洁明了，说理深入浅出，对人物的语言、动作描写生动活泼。《孟子》和《庄子》的内容大多是论辩之辞，是争鸣风气盛行时期典型的散文形式。南宋时朱熹将《孟子》与《论语》《大学》《中庸》合在一起称"四书"，并成为"十三经"之一。其中心内容是宣扬儒家的"仁政"说,抨击暴政,提出"民为贵,社稷次之,君为轻"的思想。庄子的文章气势磅礴,感情充沛,逻辑严密,并长于论辩,极富感染力;同时,他的散文还大量运用比喻、寓言来说理,具有浓郁的诗意和抒情色彩。特别是"内篇"中的《逍遥游》等,想象奇特,笔力酣畅,描写生动传神,语言恢宏瑰奇,代表着传统散文写作的最高峰,具有很高的文学价值。《荀子》和《韩非子》都是比较严谨的学术论文集,它们中心明确,条理清晰,逻辑严密,论证充分,具有很强的说服力。《荀子》中的比喻和辞藻丰富多彩,《韩非子》中的寓言生动精警,具有较强的文学意味。

图1-10 《论语》节选

图1-11 《孟子》

图1-12 《庄子》民国印刷版

先秦散文虽然不是纯文学的著作,但它们对中国文学的发展,影响是巨大而深远的。《左传》《国语》《战国策》等成为后世散文写作的楷模。在文体方面,后世各种文体的滥觞多见于先秦。先秦时期的论说及史传各体都为后世所直接继承。此外,先秦散文还为后代小说、戏曲创作提供了不少题材。在表现手法上,"《春秋》

笔法""《左传》义法",曾被推崇为文之准绳。唐宋古文运动以诸经、诸子为旗帜,标举"文统",都起源于先秦。因此,先秦散文与《诗经》《楚辞》一起成为中国文学的基石。

2. 汉赋

赋是中国特有的一种文学样式,它兼有散文和韵文的性质,特点是铺陈写物,不歌而诵,接近于散文。它产生于战国后期,受到战国诸子的散文和新兴文体楚辞的巨大影响,到汉代达到鼎盛阶段。最早写作赋体作品并以赋名篇的可能是荀子。汉以后,出现了六朝的骈赋、唐代的律赋和宋以后的文赋,但汉赋的总体成就最高。

汉赋在结构上一般都有三部分,即序、本文和被称作"乱"或"讯"的结尾。汉赋写法上大多以丰辞缛藻、穷极声貌来大肆铺陈,为汉帝国的强大或统治者的文治武功高唱赞歌,只在结尾处略带几笔,微露讽谏之意。

汉赋的形成和发展可以分为三个阶段。汉初的赋家,继承楚辞的余绪,这时流行的主要是骚体赋。贾谊的《吊屈原赋》《鵩鸟赋》是骚体赋的代表作,它直接受屈原《九章》和《天问》的影响,保留着加"兮"的传统,其语言是四言和散句的结合,表现手法为抒情言志。其后则逐渐演变为有独立特征的散体大赋,这是汉赋的主体,也是汉赋最兴盛的阶段。大赋规模巨大,结构恢宏,气势磅礴,语言华丽,往往是成千上万言的长篇巨制。西汉时的贾谊、枚乘、司马相如、扬雄,东汉时的班固、张衡等,都是大赋的行家。东汉中叶以后,散体大赋逐渐衰微,文采清丽、讥讽时事、抒情咏物的短篇小赋开始兴起。赵壹、蔡邕、祢衡等都是小赋的高手。汉赋的这种发展变化过程,与汉代社会状况的变化有着密切的关系。

我们通常所说的赋是指以铺陈排比为主要手法的汉大赋,汉大赋的代表作家首推司马相如,其代表作是《子虚赋》(图1-13)和《上林赋》(图1-14)。这两篇赋假托子虚、乌有先生、亡是公三人的对话,对天子、诸侯的狩猎盛况和豪华壮丽的宫苑进行了极其夸张的描写,进而歌颂汉帝国的强盛和汉天子的威严。作者在赋的结尾委婉地表示了惩奢劝俭的用意,但赋的主要篇幅和精彩部分是铺陈描写,这种"曲终奏雅"的讽谏方式只得到了"劝百讽一"的实际效果。所以司马相如的《大人赋》本意是讽谏武帝喜好神仙,但武帝读后反而飘飘然有凌云之气,这样就没有达到预期的目的。汉大赋的另一位重要作家是西汉末年的扬雄,其代表作有《甘泉赋》《羽猎赋》《长杨赋》。这些作品在题材、思想倾向和结构上都和司马相如的大赋很相似,不同的是赋中的讽谏成分有所增加,铺陈描写也更加华丽。扬雄与司马相如并称"扬马",是后人心目中汉大赋的典范作家。此外,东汉班固的《两都赋》、张衡的《二京赋》等"京都大赋"也是汉大赋的代表作,这些作品在描写时更注意实际的地理形势及物产民俗等内容,与以虚拟想象为主要写法的早期大赋有所不同，但铺张扬厉、曲终奏雅的基本体制却和"扬马"大致相同。司马相如、班固、张衡、扬雄因其都有代表性的汉赋名篇传世，影响深远，被后世誉为"汉赋四大家"。

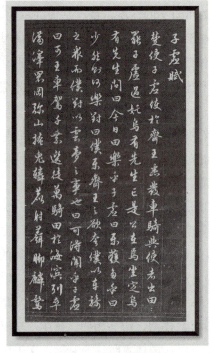

图1-13 《子虚赋》节选

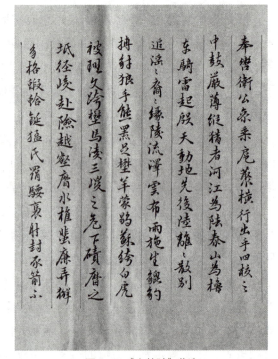

图1-14 《上林赋》节选

赋是继《诗经》《楚辞》之后在中国文坛上兴起的一种新的文体。汉赋对汉帝国广阔的国土、丰盛的物产、壮丽的宫苑建筑、繁华的京城都邑以及文治武功进行了全面的描述和歌颂，表现了中华民族对自身力量和文化的高度自信，以及对世界的热爱。汉赋铺排的表现形式虽然有堆砌呆滞的缺点，但那种重视客观世界的整体性、重视审美对象对称性的特征，体现了古代中国人民对客体对象从整体把握的思维特征，同时，具有一定的现代意识。

3. 唐宋八大家

"唐宋八大家"是唐宋时期八大散文家的合称，即唐代的韩愈、柳宗元，宋代的苏洵、苏轼、苏辙、欧阳修、王安石、曾巩。八大家中苏家父子兄弟有三人，人称"三苏"，即苏洵、苏轼、苏辙，又有"一门三学士"之誉。因此，唐宋八大家可用"唐有韩柳，宋为欧阳、三苏和曾王"来概括。唐宋文坛以他们的文学成就最高、作品流传最广，故称"唐宋八大家"。

中唐的韩愈和柳宗元树起了反对形式主义之风的大旗，他们强调文学要反映社会现象，强调文章的思想内容。在形式上，他们提倡学习先秦西汉时期恣肆的散文，抛弃骈文的文体枷锁。宋代的欧阳修继承并发展了韩愈的文学主张，在他的倡导下，王安石、曾巩以及苏洵、苏轼、苏辙父子所写的散文都取得了较大的成绩。韩、柳、欧、苏等人的创作，使散文在秦汉之后出现了第二个高峰。

韩愈（768—824，图1-15），字退之，世称韩昌黎，河南人，唐代杰出的文学家、思想家，"唐宋八大家"之首，是古文运动的发起者、倡导者，在中国散文发展史上有崇高的地位。唐德宗贞元年间，他首倡古文，提出"文道合一而以道为主"，意思是说，做文章首先要内容充实，同时要有精美得体的艺术形式与之配合。在语言上，他主张"师其意不师其辞"，"唯陈言之勿去"，反对一味模仿，提倡创新。韩愈不仅大力倡导这些古文理论，而且身体力行，创作了许多优秀作品，如《师说》《马说》《祭十二郎文》，这些文章无论是议论、叙事或抒情，都形成独特的风格，达到前人不曾达到的高度，苏东坡称赞他为"文起八代之衰"。

图1-15　韩愈

唐宋八大家的另一位杰出领袖柳宗元（773—819，图1-16），字子厚，祖籍河东，生于长安，唐代著名的思想家和杰出的文学家。作为唐代古文运动的倡导者和"唐宋八大家"之一，柳宗元反对六朝以来笼罩文坛的绮靡浮艳文风，主张"文以明道"，提倡"褒贬、导扬、讽喻"。他是唐代散文创作最多的作家，他的《黔之驴》、"永州八记"、《捕蛇者说》等文章都体现了内容与形式的完美统一。

图1-16　柳宗元

韩柳之后，古文运动逐渐衰弱。唐末五代骈体又占上风，一直延续到宋初，以欧阳修为首的新古文运动勃然兴起，彻底洗涤了骈体浮华轻靡的影响。

欧阳修（1007—1072，图1-17），字永叔，号醉翁、六一居士，是宋代散文革新运动的卓越领导者，"唐宋八大家"之一。由于忧国忧民，刚正直言，欧阳修宦海升沉，历尽艰辛，但是创作却"愈穷则愈工"。他取韩愈"文从字顺"的精神，极力反对浮靡雕琢、怪僻晦涩的"时文"，提倡简而有法、流畅自然的风格，作品内涵深广，形式多样，语言精致，富情韵美和音乐性。许多名篇，如《醉翁亭记》《秋声赋》等，已千古传扬。

图1-17　欧阳修

"三苏"（图1-18）的成就也很高。苏洵，字明允，号老泉。他的散文主要是史论和政论，他继承了《孟子》和韩愈的议论文传统，形成自己的雄健风格，语言明畅，说理反复辨析，很有战国纵横家的色彩。苏轼，字子瞻，号东坡居士，生于四川眉山，北宋大文学家、书画家，世称苏东坡。苏辙，字子由，一字同叔，号栾城，晚号颍滨遗老。他在父兄的熏陶和影响下，自幼博览群书，抱负宏伟，著有《栾城集》《栾城后集》等。

图1-18 "三苏"塑像

王安石（1021—1086，图1-19），字介甫，曾封荆国公，后人称王荆公，抚州临川（今江西抚州）人，北宋著名政治家、思想家、文学家。他的散文峭直简洁、富有哲理、笔力豪悍、气势逼人、词锋犀利、议论风生，开创并发展了说理透辟、论证严谨、逻辑周密、表达清晰、熔事理和议论于一炉的独特散文文体。

图1-19 王安石

曾巩（1019—1083，图1-20），字子固，建昌军南丰（今属江西）人，宋代新古文运动的重要骨干。"十二岁能文，语已惊人"的曾巩，警敏聪慧；成年后，因文才出众，备受当时文坛领袖欧阳修赏识。曾巩有浓厚的儒家思想，主张先道后文，极重视作家的道德修养。他的学术和文章生前已传誉遐迩，身后更盛名不衰。曾巩散文作品甚丰，尤长于议论和记。他的议论文立论警策，不枝不蔓，纡徐曲折，从容敦厚；记文则思路明晰，俯仰尽意，精练生动，耐人寻味。

4. 清代桐城派

桐城派是我国清代文坛上最大的散文流派，亦称"桐城古文派""桐城散文派"，世称"桐城派"。它以文坛的源远流长、文论的博大精深、著述的丰厚清正

图 1-20　曾巩塑像

而风靡全国，享誉海外，在中国古代文学史上占有显著地位。因其主要代表人物方苞、刘大櫆、姚鼐均系安庆桐城（含今枞阳县）人，故名。桐城派前后绵延两百多年，几乎与清代相始终，是清代文坛上最大的散文流派，也是我国文学史上历时最长、规模最大、影响最深的文派。

（1）文章特点

桐城派文风是由程朱的理学思想、韩欧的文章法度、八股时文的影响三种要素相互交融而形成的。桐城派主张学习《左传》《史记》，讲究义法，提倡义理，要求语言雅洁，反对俚俗；坚持写实，追求平淡自然的艺术风格，强调为文章者"有所变而后大"颇可贵。代表作有方苞的《狱中杂记》《左忠毅公逸事》，姚鼐的《登泰山记》等。桐城派作家重文品，亦重人品。其古文创作一是善写"小文章"；二是吸收小说笔法，注重表现人物性格及细节描写，多用白描，富有真情实感，既非"庙堂文学"，也不是"山林文学"或"清客文学"。

（2）兴盛与衰落

明中叶以后，桐城学术兴起。明末清初，方以智、钱澄之等人致力于古文振兴，开桐城派先河。桐城派文论体系和古文运动的形成，始于方苞，经刘大櫆、姚鼐而发展成为一个声势显赫的文学流派。方、刘、姚被尊为"桐城三祖"。

清王朝入关后，为巩固其统治地位而尊崇儒家理学，宣扬"万世道统之传，即万世治统之所系也"。桐城派创始人方苞借此提出"义法"主张。雍正十一年，方苞任翰林院侍讲学士，编成《古文约选》，为"义法"说提供了一部示范书。乾隆之

初,又"诏颁各学官",成为官方的古文教材。自此,"义法"之说受到士林的普遍重视。刘大櫆在继承方苞"义法"说的基础上,提出了"神气"说,其弟子很多,其中以姚鼐最为著名,为桐城古文正传。

姚鼐是桐城派集大成者。乾隆四十二年,他在《刘海峰先生八十寿序》中,正式亮出了桐城派的旗号,还阐述了方苞、刘大櫆以及姚鼐之间的理论继承关系,揭示了桐城古文形成派系的端绪。此后桐城派之名遂显于世。桐城派至姚鼐,文章风气始遍及全国,形成所谓"家家桐城""人人方姚"的局面。

桐城派的影响首先是精神上的,基本上是一个并不急功近利而又倾心于散文创作和散文理论研究的职业文人群体;它的理论建树、创作实践都带有对古代散文全面总结的性质,可视为古代散文向现代散文过渡的中介。

(二)韵文

1.《诗经》与《楚辞》

(1)《诗经》

《诗经》(图1-21)是我国第一部诗歌总集,共收录自西周初年至春秋中叶(公元前11世纪—公元前6世纪)的作品305首,先秦时期统称"诗"或"诗三百",到汉代被尊为儒家经典,始称《诗经》。

从创作背景上看,据传,周代采诗之官每年春天深入民间收集民间歌谣,把能够反映人民欢乐疾苦的作品搜集起来,整理后交给太师(负责音乐之官)谱曲,唱给天子听,作为施政的参考。这就是《诗经》中篇目的由来。

《诗经》的内容非常丰富,按音乐类别的不同分为三类:"风""雅""颂"。"风"包括15国风,共160篇,是从15个地区采集的民间歌谣,多为民间男女言情之作,是《诗经》中最精彩、最具艺术性的部分;"雅"分为"大雅""小雅",共105篇,"大雅"多为朝会宴饮之作,"小雅"多为个人抒情之作;"颂"包括"周颂""鲁颂""商颂",分别为西周王室和春秋前期鲁国、宋国用于宗庙祭祀的乐歌。这300多首诗从各个角度反映了五六百年间广阔的社会生活,主要有以下几个方面的内容:一是周部族的历史,主要以歌功颂德为主,并记载周族历史上的一些重要事件;二是描写田猎、畜牧和农业生产的场景;三是写征夫久役于外的辛苦和征夫、思妇之间的相思,控诉人民对战争的痛恨和对和平生活的向往;四是控诉统治阶级对普通劳动大众的残酷剥削;五是描写青年男女的爱情和婚姻。《诗经》在整体上全面而真实地反映了中国奴隶社会从兴盛到衰败时

图1-21 《诗经》

期的历史面貌，其中的许多优秀作品是中国古代劳动人民思想性和艺术性的完美结合，是万古传诵的名篇，对后世文学产生了深远影响。

（2）楚辞

《诗经》产生约 300 年后，中国诗歌又迎来了一个新的高潮。楚国的屈原等人在民间歌谣的基础上，经过加工，创作成了一种新的诗歌形式，因为其作品都是"书楚语、作楚声、纪楚地、名楚物"，故统称"楚辞"。西汉刘向、王逸等学者将这类作品收集整理编成《楚辞》（图 1-22）。楚辞确立了中国诗歌的浪漫主义传统。

图 1-22 《楚辞》

楚辞的主要作家是屈原，其主要作品有《离骚》《九歌》《天问》《九章》等，其中最重要的是长达 2400 多字的《离骚》，"楚辞"因此又名"骚"。《离骚》是一首政治抒情诗，作者回顾了自己辅佐楚怀王的过程和受谗被放逐的遭遇，表明了自己决不与恶势力同流合污的决心。诗中积极的思想内容通过充满激情和个性化的语句表现出来，充满了浪漫主义色彩。同时，屈原以他不拘一格的创新精神，创造了自由多变的句式，语气助词运用得恰到好处，使得诗歌更加跌宕生姿。《楚辞》的其他作者宋玉、贾谊等人的作品都继承了屈原的特点，使楚辞成为一种独特的文体样式存在于中国古代文学史中。

《诗经》和《楚辞》作为中国古代诗歌的两大源头，历来合称"风骚"，它们的存在给中国古代文学增添了光彩，2000 多年来一直被人们奉为古典文学的典范。

2. 唐诗

众所周知，唐朝是中国诗歌的鼎盛时期。不仅因为唐朝政权强大、政治清明、经济文化繁荣发达，更重要的是唐朝出现了一个又一个诗歌名家，将诗歌艺术推向了巅峰。

流传并保存下来的唐诗有 55000 多首，家喻户晓的名篇多不胜数，堪称中国古代诗歌的宝库，也是人类文化史上的一大奇观。唐诗的形式多种多样：古体诗主要有五言和七言两种；近体诗也有两种，一是绝句，一是律诗，绝句和律诗又各有五言和七言之不同。所以，唐诗的基本形式有以下六种：五言古体诗、七言古体诗、五言绝句、七言绝句、五言律诗和七言律诗。唐诗的形式和风格是丰富多彩的，它不仅继承了汉魏民歌、乐府的传统，同时发展了歌行体的样式，发展并创造出叙事言情的长篇巨制（如白居易《长恨歌》）和风格优美的近体诗。

唐诗的发展大致可分为四个时期：初唐、盛唐、中唐、晚唐。其中盛唐和中唐的诗坛最为光辉夺目。初唐诗首先从形式上完成了从古体到近体的转变，确立了律诗和绝句的格律规则。这一时期的代表作家是"初唐四杰"（王勃、杨炯、卢照邻、骆宾王）和陈子昂。陈子昂提倡"汉魏风骨"和"风雅兴寄"，反对齐梁绮丽淫靡的诗风，气势豪迈，开盛唐雄浑浪漫一派诗风。

盛唐诗人名家辈出，星汉灿烂。这一时期，国力强盛，经济繁荣，唐诗发展至顶峰时期，题材广阔，流派纷呈，比较著名的有以王维、孟浩然为代表的田园诗派和以高适、岑参为代表的边塞诗派。富于浪漫气息和理想色彩的精神面貌在诗歌中的体现就是盛唐气象，盛唐气象最杰出的代表首推李白；同时，伟大的现实主义诗人杜甫也是这一时期最杰出的代表。他们的诗雄视千古，为一代之冠，在他们的笔下，无论五律七律、五绝七绝、古风歌行皆达到很高的艺术成就，正如韩愈所说："李杜文章在，光焰万丈长。"李白的诗想象奇特，风格雄浑奔放，色彩绚丽，语言清新自然，被誉为"诗仙"，如《梦游天姥吟留别》《将进酒》等。杜甫的诗紧密结合时事，思想深厚，境界广阔，被称为"诗圣"，如"三吏""三别"等。

中唐时期，诗人成就各异。其中成就最为卓越的是白居易，他提出"文章合为时而著，歌诗合为事而作"的进步理论主张，并亲自领导参加"新乐府运动"。他站在民众的立场写了很多讽喻诗，其诗明白晓畅，通俗易懂，深受群众喜爱。虽然白居易的诗在语境、才力和灵气上与盛唐诗人李白、杜甫的诗相比略逊一筹，但他的诗平易合时，家喻户晓，这也是他诗歌的艺术价值所在。

晚唐诗人李商隐在诗歌韵律和文字方面的造诣无与伦比。其无题诗极写爱情心境及其带给人的官能感受，摄人心魄。晚唐其他诗人如孟郊、贾岛、刘禹锡、李贺等人的诗作也各有特色，异彩纷呈，共同点缀着唐代诗坛。

唐诗是汉民族最宝贵的文化遗产，也对周边民族和国家的文化产生了很大影响，是中国文化宝库中的一颗明珠，是中国传统文化最瑰丽光辉的闪光点。

3. 宋词

词作为传统文学的一种样式，始于唐，定型于五代，盛于宋。宋词兼有文学与音乐两方面的特点。每首词都有一个调名，叫作"词牌名"，依调填词叫"依声"，因为它需要合乐而唱，故又称"曲子词""乐府""乐章""长短句"等。宋词按长短规模，可分小令（58字以内）、中调（59～90字）和长调（91字以上，最长的词达240字）。词的结构分片或阕，不分片的为单调，分两片的为双调，分三片的称三叠。词最初是与音乐紧密结合的。宋词名家辈出，流派众多，按创作风格大致可以分为花间词派、婉约词派和豪放词派。

晚唐五代时，南方相对安定的社会环境为词的发展提供了有利的外部条件，相继出现了西蜀和南唐两个词坛中心。五代赵崇祚撰《花间词》，收集了温庭筠等人的500首词作。这些词人多是集中在西蜀的文人，称为花间词派。花间词派中"花间"二字出自花间词派人张泌"还似花间见,双双对对飞"一句。花间词派奉温庭筠为鼻祖,他们的作品词风浮艳,多写情爱,大多数为所谓男词人写女性生活的"闺情"代言体,其中也有少数作品能够脱去浓腻的脂粉气,具有较为开阔的生活内容。"花间"词风直接影响了北宋词坛。

北宋词坛几乎是婉约词派一统天下,这一时期的词人在题材走向、风格倾向等方面争奇斗艳、异彩纷呈。南宋后期,宋金对峙的局面较为稳定,多的是侧重儿女风情的婉约词派。由于长期以来词多趋于婉转柔美,人们便形成了以婉约为正宗的观念。以李后主、柳永、周邦彦等词家为"词之正宗",正代表了这种看法。

靖康之变后,侵略者的金戈铁马使婉约词赖以生存的社会环境不复存在,国破家亡的惨痛经历使得文人们再也无心沉湎于轻歌曼舞中,这就促使了以抒情述志、咏史怀古题材为主的豪放词派的诞生。豪放词派的词作创作视野较为广阔,气象恢宏雄放。苏轼首先对婉约词风作了巨大贡献,在传统婉约词柔声曼调中增添了高昂雄壮的因素,使词的语言风格出现了豪放、飘逸的新因素,如《念奴娇·赤壁怀古》等。南渡以后,由于时代巨变,悲壮慷慨的高亢之调应运发展,蔚然成风,辛弃疾更成为创作豪放词的一代巨擘和领袖。以辛弃疾为首的爱国词人的词作中充满了爱国主义的主题,并以慷慨激昂和沉郁悲凉两种倾向充实、丰富了豪放词的风格。使得豪放词派不但屹然别立一宗,震铄宋代词坛,而且广泛地沾溉词林后学,从宋、金直到清代,历来都有标举豪放旗帜,大力学习苏、辛的词人。

宋词从总体上看,题材走向上注重个人的生活,表现功能上长于抒情,风格倾向上偏于阴柔婉约,宋词整体上委婉含蓄的美学特征是中华民族传统审美思想的典型体现。

4. 元散曲

元曲包括元代杂剧与元代散曲。杂剧含有表演成分,而散曲是诗词之外的又一种新的韵文形式,它是从词发展而来,在金元时期各种曲调的基础上,吸收了少数民族的乐曲及部分唐宋词调的成分而形成的一种新体诗,按一定宫调的曲牌填写出来能唱的曲词。由于散曲可以入乐,当时人们又称其为乐府、北乐府、小乐府、新乐府。散曲之名最早见于文献,是明代朱有燉的《诚斋乐府》,此书所说的散曲专指小令,不包括套数。明代中叶以后,散曲的范围逐渐扩大,把套数也包括进来。20世纪以来的学者的论文,把小令、套数都看作散曲。散曲作为文体概念最终被确定下来。

(1) 散曲的艺术特色

①语言通俗。一般来说,诗的语言典雅,词的语言浓艳,而曲的语言俚俗。由于散曲是在"俗谣俚曲"的基础上发展起来的,它的许多曲调来自乡村,同时又主要流传在市民中间,因此它的语言清新活泼,通俗易懂,虽然经过文人的创作,具

有了"文而不文,俗而不俗"的特点,但仍然保持民歌歌词质朴活泼的特点。如:"小则小偏能走跳,咬一口一似针挑。领儿上走到裤儿腰。眼睁睁拿不住。身材儿怎生捞?翻个筋斗不见了。"全用口语写成,通俗易懂。

②形式活泼。诗词押韵分平仄,平仄不能互押。曲没有入声,平、上、去三声可以通押,比诗词的用韵更加宽泛。诗词力避重复押韵,而曲则不避用相同的韵。诗词用韵比较疏朗,隔一两行押,而曲用韵较密,几乎句句押韵。诗词不能增加衬字(律诗和词都是定句定字的),而散曲除依声填词外,还可以在本字外自由地加上衬字。这是对已经僵化了的词的定格的突破,解决了自唐宋以来词的固定格调与表情达意之间的矛盾,使它的形式更加自由活泼。

③表现手法直露。诗词的表现手法以含蓄蕴藉为高,追求耐人寻味的艺术境界,反对一泻无余,而散曲却讲究写得淋漓尽致、不留余味。诗词多用比喻、象征手法,而散曲则多采用直陈白描的赋的手法,曲与词的表现手法正好相反,故有所谓"宋词之所短即元曲之所长"之说。元曲在爱情的表达上不加掩盖,在表现文人自己的生活态度时也不加掩饰,在批判丑恶现象时也毫不留情。大胆的夸张、尖锐的讽刺,是元曲作者常用的手法。上述几个方面的不同,便造成了元曲异于诗词的总体风格:泼辣、诙谐。元散曲除少部分写得端庄文雅之外,大部分具有泼辣、刻露、诙谐、尖新的艺术特色。

(2)散曲的思想内容

散曲从内容上大体可划分为四个方面:

①表现归隐思想。这类反映文人对黑暗现实悲观失望,又无力抗争的曲词,常以"叹世"为题。在元代社会,由于残酷的民族压迫与黑暗的政治统治,元代文人渴望仕进而失意沦落,不容于世却不甘寂寞,欲求逍遥又偏难抑牢骚,这种激烈的冲突使他们对现实政治产生了绝望与恐惧、怀疑与退避。于是,老庄思想成为他们的思想武器,他们通过散曲创作这种形式,来表现那个时代文人特定的沉沦感、幻灭感,以及由此而产生的人生态度:虚无、冷漠,自以为超乎一切矛盾之外的达观,游戏人生,玩世不恭,他们歌唱隐逸,向往隐居之乐,鼓吹装愚卖呆,佯狂玩世,不问是非,与世无争。

②描写男女风情。元散曲另一常见内容便是写带有市民色彩的男女之情。元代的政治统治虽然黑暗,但其思想文化统治则几乎可以说是中国封建社会最薄弱的时期之一。蒙古族的南下,使刚刚完成不久的程朱理学的影响相对中断,而落魄文人与城市下层妇女的广泛接触,便使咏情之作空前之多。这些作品一反宋词那种含蓄、羞涩之态,具有大胆、热情、真切、泼辣的本色。

③描绘自然风物。元散曲中单纯描绘自然风光的写景之作不是很多,但在一些表现作曲者羁旅情怀和归隐思想以及男女相思之情的曲词中,有大量的对于自然山水的描绘,马致远的《天净沙·秋思》是其中的代表作。

④揭露现实黑暗。元代社会的黑暗现实在元散曲中也时有反映。刘时中的《北正宫端正好·上高监司》（前套）描写了元代大旱之年灾区人民的痛苦生活和悲惨遭遇，对当时社会的黑暗腐败进行了深刻的揭露和无情的批判，历来研究者对其评价甚高，称其为具有强烈现实主义精神的作品。如第三首揭露富商趁火打劫的罪行："殷实户欺心不良，停塌户（大批屯粮人家）瞒天不当，吞象心肠歹伎俩，谷中添粃屑，米内插粗糠，怎指望他儿孙久长。"描绘得如此真实而悲惨，揭露得如此深刻而愤慨，具有强烈的批判性。

（三）小说

1. 唐传奇

《中国小说史略》中："传奇者流，源盖出于志怪，然施之藻绘，扩其波澜，故所成就乃特异。其间虽抑或托讽喻以纾牢愁，谈祸福以寓惩劝，而大归则究在文采与意想，与昔之传鬼神明因果而外无他意者，甚异其趣矣。"

中国小说在魏晋南北朝时期还处于萌芽阶段，当时大量存在的是记述神灵鬼怪的志怪小说，少数记人事的小说如《世说新语》多记上层人士的谈吐和逸事。这些小说，大抵篇幅短小，文笔简约，缺少具体的描绘。到唐代传奇产生，情况有了很大的改变。

唐传奇是唐人用文言写的短篇小说。它的出现，将中国小说从六朝的单纯记述民间传说、宗教神话及历史人物生活片段的狭小天地引向反映社会的人情世态、揭露社会矛盾、歌颂进步的生活理想的广阔道路。艺术上有人物形象的塑造，有引人入胜的情节和比较完整的结构，有环境气氛的烘托和典型情节的描绘。唐传奇的出现是中国古代小说史上的一个飞跃，它的变革意义在于：一是唐传奇是作家有意识的小说创作；二是它贴近现实生活，题材广泛；三是它具有比较完备的艺术形式。唐传奇的作品大都形象鲜明，情节曲折，结构完整，文辞华美。

六朝志怪小说的内容主要是逐奇或者宣扬神道观念，而唐传奇则主要描写现实、反映社会关注的各种问题，与六朝志怪小说有很大的区别。所以唐传奇在一定程度上是唐朝的社会现实和社会风尚的表现，具有一定的认识价值和审美价值。唐传奇的题材主要是爱情婚姻、进士名妓、侠客等。

唐传奇的开山之作是王度的《古镜记》，作品记叙了一面灵异的具有降妖、治病等功能的古镜。作品在第一人称叙事的基础上把十二个独立的故事连缀起来，在结构上比较严密。中唐是唐传奇的繁盛时期，作家辈出，佳作如林，代表作品有沈既济的《枕中记》、李公佐的《南柯太守传》、李朝威的《柳毅传》、白行简的《李娃传》、元稹的《莺莺传》、蒋防的《霍小玉传》等。《南柯太守传》讲了东平人淳于棼一天在一株古槐树下醉倒，接着梦见自己变成大槐国国王的驸马，任"南柯太守"二十年，与金枝公主生了五男二女，荣耀一时。后来因与檀萝国交战，吃了败仕，金枝公主也病死，最后被遣返回家，途中死亡。醒来后发现所谓的"槐安国"和"檀萝国"竟都是蚁穴。这个故事表达了人生如梦的观念，成语"南柯一梦"就来源于此。《霍小玉传》讲的是书生李益初与霍小玉相恋，同居多日。得官后，聘表妹卢氏，与小玉断绝关系。小玉日夜思念成疾，后来得知李益负约，愤恨欲绝。后来豪士黄衫客挟持李益至小玉家中，但是小玉已经气息奄奄，小玉临死前誓言死后必为厉鬼报复。李益娶卢氏后，因猜忌休妻，"至于三娶，率皆如初焉"。小说中作者同情霍小玉的悲惨命运，谴责李益的负心，爱憎分明。

晚唐时期传奇出现了新的题材，描写豪侠剑客故事。杜光庭的《虬髯客传》颇具传奇色彩，借风尘三侠李靖、红拂女和虬髯客的故事曲折地反映了晚唐混乱的社会状况。另外还有《红线传》《聂隐娘》等小说通过反映唐末藩镇割据的现实，表现了人民铲除暴虐、向往奇侠异能的思想。唐传奇中还有一些写斩妖除怪故事的作品，如写斩除猪妖、拯救少女的《郭元振》（牛僧儒），写儒生独居凶宅、疑神疑鬼、自我恐惧故事的《京都儒生》（皇甫氏）等。

唐传奇人物形象鲜明生动，想象丰富奇特，情节曲折，结构完整，语言凝练活泼，显示出小说艺术渐趋成熟，为人们茶余饭后增添了谈资的同时也丰富了中国文学。同时，唐传奇也存在一些缺点：情节过于追求新奇，不注重对情节的提炼和人物的塑造，带有六朝志怪的痕迹。

2. 宋元话本

唐传奇后兴起的小说样式是被称为"话本"的白话小说，风靡于宋元两个朝代。话本就是说书艺人讲故事的底本，它是城市繁荣和市民阶层扩大的产物。现存的话本可分为讲史话本（长篇）、说经话本和小说话本（短篇）三类。宋代话本中小说一类多半是白话短篇，讲史一类则多用浅近文言，粗具长篇规模。在中国小说发展史上，宋代讲史话本是后世章回小说的滥觞。

讲史话本在元代以后称作"平话"，现存《武王伐纣平话》《七国春秋平话》《秦平六国平话》《新编五代平话》等。说经话本仅存《大唐三藏取经诗话》。小说话本又称"短书"，现存冯梦龙的《三言》《二拍》等。话本除标题外，还分入话、正话和结尾三个部分。话本的题材可分为灵怪、烟粉、传奇、公案、朴刀、杆棒、神仙、妖术等八种，其中烟粉（即婚恋故事）和公案故事成就最高。婚恋故事中较著名的有《碾玉观音》《快嘴李翠莲记》《志成张主管》等。著名的公案故事有《错斩崔宁》《宋四公大闹禁魂张》，这两部作品都注意细节和情节描写，关目安排奇巧，刻画出鲜明的人物性格。

总体来说，宋元话本多取材于现实生活，主人公多为普通的市民阶层，表达了市民的理想和愿望。尤其是小说话本在结构、表现手法等方面都已相当成熟。小说话本采用白话叙事的方式，广泛吸收了民间谚语、俗语，对文学语言的发展和丰富有很大的促进作用。

宋元小说话本确立了以白话为主体的小说，开辟了中国古代小说创作的新纪元，同时为明清小说、戏剧等文学创作提供了题材，也是很多明清长篇小说的雏形。总之，宋元话本对后世影响深远，使小说与一直统领古代文坛的诗歌、散文分庭抗礼，标志着以小说为霸主的文学新时代的到来。

3. 明清小说

中国的小说经历了唐传奇小说、宋元话本小说两个发展阶段之后，到明清时代臻于极盛，涌现出《三国演义》《水浒传》《西游记》《金瓶梅》《儒林外史》和《红楼梦》六部著名的长篇小说。前四部被称为明代"四大奇书"，后两部被誉为清代长篇小说的双璧。

明初罗贯中的历史演义小说《三国演义》（图1-23）通过描写错综复杂的政治、军事、外交斗争创造了数以百计栩栩如生、家喻户晓的经典人物形象，在客观上把统治阶级的各种斗争手段、谋略向民间普及，成为一部集文学、历史、政治、军事为一体的教科书，包含丰富的文化内蕴。

北宋末年宋江等人起义的故事在民间广为流传，宋元话本和元杂剧都有所反映。《水浒传》（图1-24）就是在这些传说的基础上创作而成的，它深刻揭示了"官逼民反"的道理，小说所描写的108个出身各异的英雄，都因不堪忍受统治者的剥削和压迫而奋起反抗，最后聚义梁山。《水浒传》严厉批判了封建统治阶级的腐朽和罪恶，热情讴歌了起义的英雄，塑造了宋江、武松、林冲、李逵等性格各异的典型人物。在《水浒传》中，歌颂反抗与宣扬忠义是并行不悖的，这也体现了传统文化精神的两面性。

《西游记》（图1-25）是在唐代高僧玄奘远赴天竺（印度）取经故事的基础上进行创造性艺术加工而形成的。《西游记》的思想倾向很复杂，它一方面肯定孙悟空大闹天宫，蔑视统治者的权威，反对不合理社会秩序的叛逆精

图1-23 《三国演义》

图1-24 《水浒传》

神；另一方面又肯定孙悟空师兄弟三人护法取经，体现了维护既定秩序的观念，这和《水浒传》一样，反映了传统文化精神的两面性。

《金瓶梅》（图1-26）是出现于明代后期的世情小说，作者署名"兰陵笑笑生"。前述三部小说都是以历史上长期流传的故事为基础加工而成的，都塑造了一些正面的人物形象，而《金瓶梅》则是文人独立创作的。全书旨在暴露世态人情，小说中的主要人物没有一个是值得肯定的形象。全书以男主人公西门庆的罪恶生活史为主干，以西门庆的妻妾潘、李、庞的生活为支架，通过描写一个集官僚、恶霸、富商为一体的暴发户家庭的污秽生活，揭露了明代社会（书中背景假托为宋代）尔虞我诈、争权夺利、道德沦丧、物欲横流的黑暗现实，开创了以现实社会和家庭日常生活为题材进行创作的先河，但缺乏严肃的批判精神，内容不乏露骨的淫秽描写，格调低下。同时，《金瓶梅》深刻地反映了封建社会末期道德彻底崩溃时人们的迷茫，是文化转型前夕失序社会的艺术体现。

图1-25 《西游记》

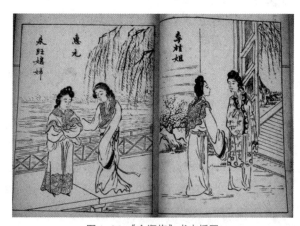

图1-26 《金瓶梅》书中插图

清代小说的创作数量位居历代之首，而且题材类型也不断扩大。白话小说在明代历史演义、英雄传奇、神魔小说和世情小说的基础上，发展出才子佳人小说、才学小说、讽刺小说、公案小说等新品种。文言小说在志怪、轶事、传奇的基础上衍生出"剪灯系列""聊斋系列""世说系列"等新类型。其中影响最大的是蒲松龄的《聊斋志异》、吴敬梓的《儒林外史》（图1-27）和曹雪芹的《红楼梦》（图1-28）。

图1-27 《儒林外史》

中国的文言小说自唐传奇之后相对沉寂，《聊斋志异》的问世形成文言小说的第二个创作高峰。这部文言短篇小说描写婚恋的作品居多，并且大多是托花妖狐魅和人的恋爱歌颂青年男女的真挚爱情。

《儒林外史》是讽刺小说的典范作品。作者以严肃的态度，直面社会，始终把讽刺的矛头指向八股取士制度，以悲愤、辛酸的笔触，入木三分地揭示出儒林群丑在功名利禄引诱下人格的扭曲和堕落。表面上看，小说是喜剧性的，但骨子里则是悲剧性的，作者正是通过这种以喜写悲的手法，使得可笑中饱含着可悲，滑稽中渗透着辛酸。

图 1-28 《红楼梦》

曹雪芹的《红楼梦》是中国古典小说中最优秀的作品，突破了传统的取材和构思方法，将社会生活高度浓缩在百年望族贾府中，通过对贾府三代的描写，全面反映了封建官僚家族政治上的腐败、生活上的穷奢极欲，揭示了封建社会走向衰败的内在原因和必然趋势。在塑造文学典型方面，《红楼梦》是中国古典小说的艺术高峰，它还从哲学高度思考了生命的本质，昭示了人生无处不在的悲剧。

二、文化内涵

文学是用文学语言，以文学形式来表达社会现实和人的思想活动、心理需求的艺术形式，是对美的表达。文学以其特有的形式，通过写景、抒情、达志等方式传递着特定历史时期的现实情况，通过诗意的表达与意境之美完成了主客观的统一，形成了中国古典文学独有的文学精神和文化旨趣。

中国古典文学有着爱国忠君、兼济天下的精神内涵。例如，南北朝鲍照的"时危见臣节，世乱识忠良。投躯报明主，身死为国殇"（《代出白街北门行》），唐朝杜甫的"出师未捷身先死，长使英雄泪满襟"（《蜀相》），北宋范仲淹（图1-29）的"居庙堂之高则忧其民，处江湖之远则忧其君"（《岳阳楼记》），南宋辛弃疾的"了却君王天下事，赢得生前身

图 1-29 范仲淹雕像

后名,可怜白发生"(《破阵子》),这些作品陈述了深切的拳拳爱国之心和殷殷报国之情。

中国古典文学还有着不畏权贵、心怀天下的高尚气节与社会担当。晋朝陶渊明为了节操和修养大发豪言:"吾不能为五斗米折腰,拳拳事乡里小人邪。"唐朝的李白豪情冲天道:"安能摧眉折腰事权贵,使我不得开心颜。"中国古代文人志士把目光锁定人民大众,将人民疾苦诉诸笔端,将"民生"的思想和理念,用美的形式传承下来。

中国文学史以诗意表达情怀,用浪漫书写现实,记录不同历史时期人民的心理诉求和社会现实。习近平总书记指出:"不了解中国历史和文化,尤其是不了解近代以来的中国历史和文化,就很难全面把握当代中国的社会状况,很难全面把握当代中国人民的抱负和梦想,很难全面把握中国人民选择的发展道路。"中国古典文学体现了中国人的"宇宙观、天下观、道德观",是中华文明的智慧结晶。

三、拓展阅读

经史子集

第二章

传统美德

本章导读

中华民族自古以来就有崇德、尚德的传统，把立德作为至高无上的人生追求。在这样的信念中，传统美德代代相传，成为中华民族独特的文化积淀，并且逐渐与国家治理、制度建设以及社会风尚倡导相融合。孝、悌、忠、信、礼、义、廉、耻，这传统八德作为中国传统文化的精髓，不仅深深地影响了中国的政治传统，也塑造着今天的中国。实施公民道德建设工程，弘扬中华传统美德，加强家庭家教家风建设，加强和改进未成年人思想道德建设，推动明大德、守公德、严私德，提高人民道德水准和文明素养。

思维导图

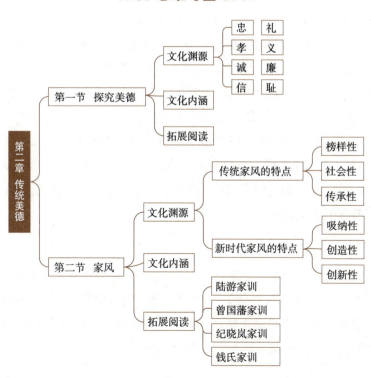

第一节 探究美德

知识目标

- 了解我国八德的文化内涵。
- 了解中华民族传统美德在现实生活中的作用,知道符合社会发展规律的传统美德对社会与人的发展的积极作用。

能力目标

- 熟知中华传统美德的内涵,知道中华传统美德具有生生不息、历久弥新的品质。
- 能够领会中华传统美德中仁爱孝悌、勤劳节俭的内涵和外延。
- 具备搜集处理资料、信息的能力。

素质目标

- 弘扬我国社会主义核心价值观,提升综合素养。
- 弘扬中华民族传统美德,弘扬中华优秀传统文化。

一、文化渊源

中华民族自古重视道德修养。修养,修身养性也。中国古代修身养性之道,内容丰富,独具特色,如内修或内化过程中的"内省""慎独"与"觉悟",外修或外化过程中的"行善""积德""知行统一""见贤思齐"等。

春秋时期,管仲提出的"四维"(即礼、义、廉、耻)是春秋时期维系社会稳定的社会道德标准和行为规范。后来,宋代提出了"八德"的理念,即孝、悌、忠、信、礼、义、廉、耻。"八德"是中华道德观的系统建构,影响至今。当下,随着我国经济、文化的发展,我们有了新的追求,有学者将"八德"阐释为"忠、孝、诚、信、礼、义、廉、耻",这些涵盖了个人、家庭、社会的道德规范,也成为当代学校教育的重要目标。

(一)忠

忠就是忠诚老实,就是克己奉公。《论语·学而》云:"为人谋而不忠乎?"说的是为人处世要忠诚。《荀子·尧问》曰:"忠诚盛于内,贲于外,形于四海。"说的是人要从内心注意忠诚,在行动中体现忠诚,光大忠诚。这些名言警句告诉我们,为人处世尽己致公,是一种重要的人生美德。

（二）孝

自古以来，在中华传统美德中，孝一直被视为百善之先。古人认为，孝是人类最基本的道德原则。《孝经·开宗明义章》讲："夫孝，德之本也。"就是说，孝亲敬老是所有道德的基础。在中国，孝的传统源远流长。《隋书·孝义传序》记载："《吕览》云：'夫孝，三皇五帝之本务，万事之纲纪也。执一术而百善至，百邪去，天下顺者，其唯孝乎！'然则孝之为德至矣，其为道远矣，其化人深矣。故圣帝明王行之于四海，则与天地合其德，与日月齐其明；诸侯卿大夫行之于国家，则永保其宗社，长守其禄位；匹夫匹妇行之于闾阎，则播徽烈于当年，扬休名于千载。此皆资纯至以感物，故圣哲之所重。"这段话说出了古代推广孝道的原因，孝道是从帝王到庶人都必须遵守的道德。

（三）诚

诚是一个形声字，《说文》中："诚，信也。从言，成声。""诚"意谓待人要诚实讲信用，不搞鬼鬼祟祟的把戏和阴谋诡计。《礼记·中庸》中"诚者天之道也，诚之者人之道也"，认为"诚"是天的根本属性，努力求诚以达到合乎诚的境界则是为人之道。又说"诚者，物之终始，不诚无物"，认为一切事物的存在皆依赖于"诚"。亚圣孟子也说"是故诚者天之道也，思诚者人之道也"《离娄·上》，又说"反身而诚，乐莫大焉"《尽心·上》，认为反省自己以达到诚的境界，就是最大的快乐。荀子虽"不求知天"，但也把"诚"看作道德修养的方法和境界。

（四）信

《论语·为政》中："人而无信，不知其可也。"意思是说，人要是失去了信用或不讲信用，不知道他还可以做什么。"信"是重要的道德之一，人们一般习惯把"诚"和"信"连起来使用，意为言行一致、表里如一、真诚无欺。"信"和"诚"相比，更加具有道德规范的标准，它对人的外在行为与内在精神都有所涉及。《左传·僖（xī）公十四年》里说"弃信背邻，患孰恤之？无信患作，失援必毙"，说明了"信"的重要性。在儒家思想中，"信"常被定义在朋友之间，比较狭隘。但无疑，"朋友"更具有平等性，这也是为什么在"三纲五常"受到抨击的时候，"朋友"一伦反而得到了宣扬。尽管"朋友"一伦来自封建思想，但是却表现出平等的交往模式，从而推动"信"的产生。

（五）礼

《论语·八佾（yì）》中："礼，与其奢也，宁俭；丧，与其易也，宁戚。"鲁人林放问孔子"礼"的本质是什么，孔子回答说："就一般的礼仪来说，与其铺张浪费，不如朴素俭约；就丧礼说，追求周备的仪式，不如内心真正的哀伤。""礼"本于人心之仁，表露在外，就是礼。礼是关于人际交往的道德规范，它在日常交往中应用十分广泛。在儒家思想中，道德仁义的形成与礼有着直接关系。礼的内涵同样也有广义和狭义之分，广义的"礼"指的是全德的统称，代指最高的道德规范，而狭义的"礼"则指的是作为礼、义、廉、耻"四维"之首的"礼"。它又有外在礼仪和内在礼义之分。外在礼仪指的是外在的礼貌、礼节等，内在礼义指的是礼的内在精神。中国古代倡导以"礼"治国，逐渐形成蜚声中外的"礼仪之邦"。

（六）义

《论语·里仁》中："君子喻于义，小人喻于利。"意思是说，和君子谈事情，他们只问道德上该不该做；跟小人谈事情，他们只是想自己有没有利可图。"义"从本意上看，指的是一种礼仪或风貌，而从另一层含义上看，还有适宜的意思。孔孟之道都将"义"作为一种判断准则，从而对人的思想言论或者行为是否符合时宜作出判断，并指出恪守道义是处理社会关系的核心内容，是治国立身的准则，是儒家道义思想的关键点。人们对"义"的理解主要集中在"义利关系"上，儒家思想认为人们所遵循的所有道德规范都是"义"，"义"保护的是整体利益，而"利"指的是个人利益，孟子说人应该"舍生取义"，因此"义"是第一位的，人应当重义而轻利，不能见利而忘义。

（七）廉

廉自古以来就是中华民族的重要道德操守。廉的本义是指器物的棱角，堂屋的侧边。《老子》第五十八章曰"廉而不刿"，意思是说，为人虽有棱角，却不刺伤他人。由棱角之义，引申用来比喻人品正、有志气、有节操。因此，古时候人们所称的"廉士"，都是指有气节的人。《管子》将其列为"国之四维"，对其重视可见一斑。古人云："其身正，不令而行；其身不正，虽令不从。"《论语·子路》"身正"就是思想端正、勤于政务、奉公廉洁。

（八）耻

在我国古代，作为美德的"耻"，是指羞耻心、知耻心。对此，宋朝著名的理学家、思想家、哲学家朱熹解释："耻便是羞恶之心。"《朱子语类》卷十三）羞耻心是人们珍爱、维护自身的尊严而产生的情感道德意识，它是人们的荣辱观、是非观、善恶观在求荣免耻这件事情上生动、直观、形象的反映。

道德既是一种社会规范，也是对社会个体的规范。要提升整个社会的道德水准，首先要提升个体的素质。在全社会进行道德教化或建设，需要每个人自觉参与和自律。而每个人的道德自觉与自律，主要是通过自身不断修炼而形成的。因此，道德教化应着眼于引导每个人增强道德修养意识，提升实践水平。

二、文化内涵

我们可以从以下八个方面理解传统美德的文化内涵：

忠：尽己报国的责任；

孝：生生不息的爱心；

诚：求真务实的品质；

信：立身兴业的基点；

礼：人际文明的规范；

义：人间正道的向导；

廉：清白正气的根基；

耻：人之为人的底线。

三、拓展阅读

第二节　家风

知识目标

- 了解我国不同历史时期的家风；掌握优秀家风蕴含着中华民族传统美德，是国家发展、民族进步、社会和谐的基础。
- 懂得优秀家风对个人成长发展和社会良好风气形成的积极作用。

能力目标

- 能够从名人家风、自己家的家风故事中分析出家风的意义。

素质目标

- 弘扬我国社会主义核心价值观，提升综合素养。
- 传承家风文化，汲取经典精髓，启迪思想、塑造心灵、培养心智，将良好的习惯自觉地践行在日常生活中。

家风，通常是指由家长或祖父母倡导，通过自身言谈举止来约束和规范家族成员的一种风气。家风是一种家庭经过长时间培养而形成的文化与道德氛围，具有很强的感染力，反映了一个家庭的伦理与德行。家训则反映了个人的品德修养。家风是一种精神力量，不仅可以对家庭成员进行思想道德的规范，还能促进整个家族在文明、和谐、健康向上的氛围中成长。

一、文化渊源

"家风"这一术语最早出现在西晋作家潘岳的著作中。东晋时期，文人夏侯湛在《诗经》中选取了六首不带文字的"笙诗"，加以补缀，编为《周诗》，呈给潘岳。潘岳认为："诗中既有温和之意，又有仁厚之情。"为了与朋友们一起唱和，他写了一首《家风诗》，描述当时的家庭风气，这首词并未特别描写自己家庭的情况，而是以颂扬祖先美德为美，以此激励自己。

在史料记载中，提到"家风"时，常包含着对其传承的意义。例如："齐有人焉，于斯为盛。其余文雅儒素，各禀家风。箕裘不坠，亦云美矣"（《南史》卷二十二）。这里的"禀"字，形象地传达了"下"与"上"、"后"与"前"的承接。而"不坠家风""世守家风""克绍家风""世其家风""家风克嗣"等现象，也都反映出这一特征。

（一）传统家风的特点

1. 榜样性

家风是一个家族所公认的价值观念，在其确立过程中必然要发挥其应有的示范效应。中国传统家族并非独立个体，而是以家族形式存在，家族契约约束着人们的日常生活。族规一般由家族中最有威望的长老们共同商议制定，包含了长老们多年来的人生理念，同时也考虑到了社会潮流和公平公正。这种契约无论是否写在纸上，都具有强烈的"法规"色彩。在家庭中，基于对长者的尊敬与信赖，家训将被毫无保留地贯彻下来。

2. 社会性

家族作为社会的基本单元，其生存必然要顺应时代潮流。从汉武帝开始，"罢黜百家，独尊儒术"，特别是对孝、悌、忠、信、礼、义、廉、耻这"八德"的推崇。"八德"是封建社会人们遵守的道德准则，在家庭伦理道德中有着广泛的体现。

3. 传承性

"世代相传"与"生活作风"是家庭伦理道德的两大标志，其传承主要通过言谈举止来反映。作风为人的生存模式提供指导，又体现了人的价值取向，因而"价值观"是家风得以延续的根本，一代又一代的家庭都认可祖先的价值观，从而养成了特定的生存模式。

（二）新时代家风的特点

1. 吸纳性

这种类型的家族，尤其是知名的文人，其家风得到了社会的普遍认同，与其对孩子的良好教养密切相关。梁启超共有九名子女，每一个都是栋梁之才，素有"一家三学士，九子俱英才"的美誉；傅雷有一子一女，分别成为著名的钢琴家和英语专家；扬州吴氏一脉，出过一门四杰，其中两名院士，一名剧作家、教育家、文学家，一名医学、生物学家。

这些家族的家风具有较大的包容性，具体体现在：首先，他们吸收中国的优良传统文化，"诗书传家"，有着深厚的传统文化基础，在家风家教方面，不会因外来思潮而排斥；其次，他们吸收西学，对孩子的培养不局限于中国的传统知识，而是鼓励孩子到国外去，接受更高层次的科技知识。

2. 创造性

"红色家风"的产生与发展，是新时期家庭伦理思想创新的重要体现。"红色家风"是中国老一代无产阶级革命家以及历代优秀共产党员在长期革命实践、社会主义建设和改革开放过程中所创造的良好家风，它是中华民族的一种精神品质和优良传统。

"红色家风"以马克思主义为根基，与其他知名学者的家风有着本质的不同。马克思的家庭观带有很强的阶级性，强调家人之间的绝对平等，以亲情为纽带维系关系。在新时期，家庭美德的产生和发展，是家庭美德产生的根源。中国坚持中国特色社会主义发展道路，是各民族在当前阶段所追求的目标。家族不仅要培育继承人，更要培养社会主义的建设者和继承人。

3. 创新性

《中国共产党党员领导干部廉洁从政若干准则》《领导干部个人事项报告》《中国共产党廉洁自律准则》《中国共产党纪律处分条例》等一系列规定，为树立良好的党风廉政意识和形象提供了保障。

在中国历史上，没有哪个时代比现在更多地关注家庭伦理。家庭与国家道德、政党作风共同构成了当今中国的主流文化。党的先进性是中国共产党的根本特征。《宪法》明确将中国共产党作为中国工人阶级、中国人民、全民族的先锋写入其中。党的进步性是经过长期实践锻炼出来的优良品质，也是得到广大群众支持的基础。因此，党员，尤其是主要党员，应成为广大人民的榜样。作为一名党员，他的家庭风气不仅是个人生活中的一部分，也是社会示范的一部分。一个好的家庭是一个好的社区示范，推动社会进步；相反，它会带来消极影响，损害党政形象和干群关系，败坏党风。

二、文化内涵

家风就像一个人的气质或一个国家的气质。一个家族经过漫长的传承，形成了特有的风格。这种无形的精神面貌、风气，以含蓄的形式存在于家庭的日常生活中，每个人的一举一动都反映了这种习惯，这便是家风。我们可以把家风看作是家族的风尚，是家族的一种传统文化。

传统是人们世世代代传承下来的一种行为，是从古代流传下来的精华。如果不经过时间的筛选和沉淀，就不可能成为传统。家族的传统是一个家族经过漫长历史筛选和积累的产物，是历代祖先的生命精华。

三、拓展阅读

三代繁盛靠金银，十代繁盛靠人脉，世代繁盛靠家风。而家风最直接的来源就是家训。

陆游家训

曾国藩家训

纪晓岚家训

钱氏家训

第三章

传统服饰

本章导读

中华优秀传统服饰是中华文明的重要载体，服饰文化贯穿于中华民族的历史之中。随着现代人对传统文化重视程度的提升，传统服饰逐渐出现在大众的视野中。作为中华民族的一种文化记忆，传统服饰唤起了人们的民族自豪感，彰显了中华民族的文化自信。

思维导图

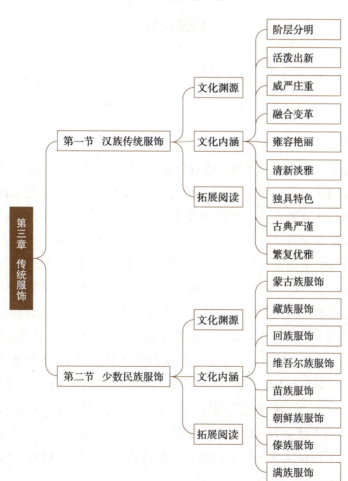

第一节 汉族传统服饰

知识目标

- ❖ 多角度对不同时期汉族传统服饰探究，感受汉服之美，领略我国古代服饰文化的灿烂辉煌。
- ❖ 了解汉服发展的历史，探究文化发展与服饰变迁的历史关系。

能力目标

- ❖ 熟知服饰的发展历程。
- ❖ 熟知民族服饰的特点。
- ❖ 具备多角度鉴赏传统服饰美的能力。

素质目标

- ❖ 弘扬我国优秀传统服饰文化。
- ❖ 提高传统文化素养和人文素养。

一、文化渊源

传统服饰是历史发展的产物，能够反映一个国家的政治、经济、文化变迁，是民族精神及认同感的重要标志之一。据相关文献记载，中国的冠服制度初建于夏商时期，到了周代才逐渐完善，春秋战国时期，冠服制度更是被纳入礼治。冠服制度在我国古代象征着权力、身份以及地位，王公贵族们在不同的礼仪场合，头上戴的帽子会根据官阶的不同而有所差别，穿的衣服也必须采用不同的样式、颜色、图案等。平民百姓的服饰也随着时代的发展产生了不同的样式，大多数平民的服饰会受到贵族服饰的影响，出现一些流行样式，也有一些服饰是为了更好地完成劳动任务而产生的。随着时代的进步与发展，服饰逐渐演变，先后经历了很多样式的变化。作为传统服饰，汉服有其复杂性，不同历史时期有不同款式，各种款式体现了不同的文化和风俗，服装上不同的纹饰也有不同的含义，但都象征着美好吉祥。

汉服，全称是"汉民族传统服饰"，又称衣冠、衣裳、汉装，是从黄帝即位到17世纪中叶（明末清初），在汉族的主要居住区，以"华夏-汉"文化为背景和主导思想，以华夏礼仪文化为中心，通过自然演化而形成的具有独特汉民族风貌性格，明显区别于其他民族的传统服装和配饰体系，是中国"衣冠上国""礼仪之邦""锦绣中华"的体现，承载了汉族的染织绣等杰出工艺和美学，传承了30多项中国非物质文化遗产以及受保护的中国工艺美术。

汉服"始于黄帝，备于尧舜"，源自黄帝制冕服，定型于周朝，并通过汉朝依据四书五经形成完备的冠服体系，成为神道设教的一部分。因此后来多个朝代均宗周法汉以继承汉衣冠为国家大事，于是有了二十四史中的舆服志。"黄帝、尧、舜垂衣裳而治天下，益取自乾坤"，是说上衣下裳的形制是取天意而定，是神圣的。近年来，汉服越来越受关注，更多的人穿起了汉服。汉服既好看，又有历史意义，应该得到传承，它的美丽在现代社会延续下去，也会使我们进一步增强民族自豪感。魏晋南北朝、宋朝、隋唐时期服饰如图3-1所示。

汉服展示

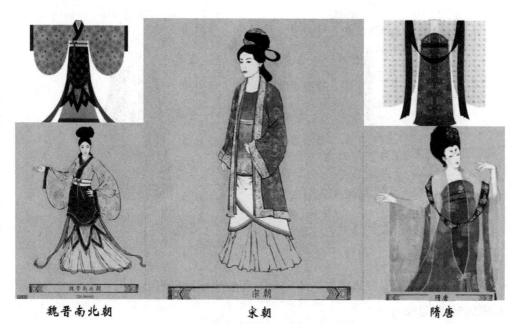

图3-1　魏晋南北朝、宋朝、隋唐时期服饰

汉服具备独特的形式，其基本特征是交领、右衽、系带、宽袖，又以盘领、直领等为有益补充。汉服有礼服和常服之分；礼服制式严谨，为正式场合穿的服饰；常服一般去掉大袖，适合百姓日常起居。纵观几千年的历史，汉族的服饰在式样上主要是上衣下裳和衣裳相连两种基本的形式，大襟右衽是其始终保留的鲜明特点。

二、文化内涵

不同时期的服饰，展现各自独特的美，也蕴含着各具特色的文化内涵。下面着重就不同时期的九种服饰进行分析。

1. 阶层分明

夏商周奴隶社会时期，统治者用严格的等级区分服装，以此显示自己的尊贵和威严（图3-2）。

2. 活泼出新

春秋战国时期，服饰材料逐渐精细，出现了百花齐放的局面和推陈出新的样式（图3-3和图3-4）。

图3-2 曲裾深衣

图3-3 楚服——直裾深衣

图3-4 齐腰襦裙

3. 威严庄重

秦汉时期开始流行袍服，它将阴阳五行的思想融入服装色彩，显得威严庄重（图3-5和图3-6）。

图3-5 直裾深衣

图3-6 直裾襌衣

4. 融合变革

魏晋南北朝时期出现了多民族文化的大交融，服饰也呈现出交融互渗的状态（图3-7）。

图3-7 杂裾垂髾服

5. 雍容艳丽

唐代出现了一大批纹样美观、色彩艳丽的服装材料，服饰更显华贵，如图3-8《仕女图》中的石榴裙。

图3-8 《仕女图》中的石榴裙

6. 清新淡雅

宋代服饰一改唐代的浓艳华丽，多使用淡雅恬静之色（图3-9）。

7. 独具特色

元代服饰做工考究，有浓厚的北方民族特色（图3-10）。

8. 古典严谨

明代服饰制度趋于健全、规范，严谨正统的特点也逐渐显现出来（图3-11）。

9. 繁复优雅

清代服饰由原来的汉服全部改为满族服饰，花样繁复且翻新非常快（图3-12）。

图3-9 褙子

图3-10 半臂襦裙

图3-11 袄裙

图3-12 满族旗装

三、拓展阅读

第二节　少数民族服饰

知识目标

❖ 了解我国少数民族服饰发展变化的历史，探究服饰与生活地域及民族文化的关系，形成立体多维的思维方式以及兼容并包的思想。

能力目标

❖ 能够理解少数民族服饰的思想风尚和文化特点。

素质目标

❖ 弘扬我国少数民族服饰传统文化，传承我国非物质文化遗产。
❖ 热爱少数民族传统艺术、热爱生活，提升审美情趣，具有中华各民族一家亲的情怀。

一、文化渊源

在我国传统服饰文化中，少数民族的服饰扮演着非常重要的角色。我国共有55个少数民族，由于经济、文化、地理环境、风俗习惯等不同，每个民族都有自己极具代表性的服饰，有着区别于其他民族的鲜明特征。我们凭借服饰的款式、质地、颜色等，基本上可以将各个民族的人们加以区分，如彝族的"英雄结"（图3-13）、鸡冠帽（图3-14），傣族的头箍（图3-15），苗族的银冠、银角（图3-16），羌族的羊皮坎肩（图3-17）等，特点都十分明显。

图 3-13 彝族的英雄结

图 3-14 彝族的鸡冠帽

图 3-15 傣族的头箍

图 3-16 苗族的银冠、银角

图 3-17 羌族的羊皮坎肩

少数民族服饰文化内涵丰富，包括制作原料、纺织工艺、印染工艺、刺绣工艺、图案纹样、色彩表现、饰品工艺、文化价值等因素。少数民族服饰特点的形成并非偶然，它是随着每个民族的历史发展而形成的，受到本民族所处的外在环境、历史文化以及社会发展等众多因素的影响。可以说，不同的环境和生产方式，为少数民族提供了各式各样的服饰原料；不同的生活方式和需要使得各少数民族服饰展现出了不同的样式、颜色。在漫长的发展进程中，随着各民族之间经济文化交流的增多，少数民族服饰也在不断更新。

这些少数民族服饰与少数民族历史发展高度融合，与少数民族生活与生产密切相关，同时也反映出少数民族不同的文化底蕴。现在，少数民族同胞仍保有在重大节日时穿戴民族服饰的习惯。民族服饰蕴含着古韵美和独特的民俗风情，非常值得我们去了解。

二、文化内涵

下面列举几种有代表性的民族服饰，并解读其中蕴含的文化内涵。

1. 宽大粗犷

蒙古族服饰具有浓郁的草原风格，以袍服为主，便于骑马（图3-18）。

2. 色彩鲜艳

藏族服饰有长袖、宽腰、大襟，色彩对比强烈（图3-19）。

图3-18 蒙古族服饰

图3-19 藏族服饰

3. 简朴舒适

回族服饰讲究整齐美观、干净卫生,颜色以白、绿、黑为主(图3-20)。

4. 浓郁多彩

维吾尔族服饰花样较多,色彩鲜明,喜欢将花卉图案绣在服装上(图3-21)。

图 3-20 回族服饰

图 3-21 维吾尔族服饰

5. 流光溢彩

苗族服饰色彩夺目、装饰繁复,善于用银饰作装饰来搭配服装(图3-22)。

6. 素净轻盈

朝鲜族服饰色彩以白色为主,样式注重优雅柔和(图3-23)。

图 3-22 苗族服饰

图 3-23 朝鲜族服饰

7. 淡雅美观

傣族服饰轻盈秀丽，色彩协调，崇尚中和之美（图3-24）。

8. 繁多精美

满族服饰花色、品种繁多，制作精美，讲究配饰（图3-25）。

图 3-24　傣族服饰

图 3-25　满族服饰

三、拓展阅读

朝鲜族服饰

第四章

传统饮食文化

本章导读

中国人自古以来注重饮食，有"民以食为天"的说法。饮食文化是中国传统文化的重要组成部分。在中国传统文化中，饮食不仅满足口腹之欲，也是中国人表达情感的方式之一，蕴含深刻的伦理思想和人生哲理。学习饮食文化，对中国传统文化的传承和弘扬具有重要意义。

思维导图

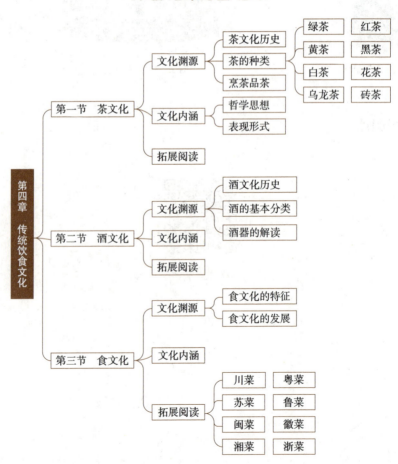

第一节 茶文化

知识目标

- 了解中国茶文化的发展历史,熟悉和掌握中国茶的分类方式,熟知中国茶品的种类。
- 了解烹茶、品茶的程序与方法。

能力目标

- 熟知茶文化的发展历程。
- 能够在茶的滋养中体悟其中的文化思想。

素质目标

- 弘扬中国茶文化内涵,发扬中华民族茶文化宝库几千年蕴藏的文化思想。
- 体会中国茶文化的博大精深,提升对茶文化美的享受。

一、文化渊源

(一)茶文化历史

在中国漫长的发展进程中,茶与人们的生活息息相关。茶与中国文化融合产生了中国独有的茶文化。茶文化是中国文化的核心之一。茶文化从广义上讲,分为茶的自然科学和茶的人文科学两方面,是指人类社会历史实践过程中所创造的与茶有关的物质财富和精神财富的总和。从狭义上讲,着重于茶的人文科学,主要是指茶的精神和社会功能。

魏晋南北朝是茶文化的萌芽时期。很多书籍把茶的发现时间定为三皇五帝时期。西汉已将产茶的县命名为"茶陵",即湖南的茶陵。相传为东汉华佗所著的《食经》曰"苦茶久食益意思",记录了茶的医学价值。三国魏时张揖所撰《广雅》最早记载了饼茶的制法和饮用:"荆巴间采叶作饼,叶老者,饼成,以米膏出之。"茶以物质形式出现并渗透至其他人文科学而形成茶文化。随着文人饮茶风潮的兴起,有关茶的诗词歌赋相继问世,茶作为一般形态的饮食进入文化圈,起着一定的意识作用和社会作用。

唐朝是茶文化的形成时期。780年,陆羽著《茶经》,这是唐朝茶文化形成的标志。唐朝以后出现了大量的茶书和茶诗,如《茶述》《煎茶水记》《采茶记》《十六汤品》等。唐朝茶文化的形成与禅教的兴起有关,因茶有提神益思、生津止渴的功能,所以寺庙僧人崇尚饮茶,他们在寺院周围种植茶树,制定茶礼,设茶堂,选茶头,专呈茶事活动。在唐代形成的中国茶道分宫廷茶道、寺院茶礼、文人茶道。

明、清是茶文化的普及时期。此时已出现蒸青、炒青、烘青等茶类，茶的饮用已改成"撮泡法"。明朝不少文人雅士留有传世之作，如唐伯虎的《烹茶画卷》《品茶图》，文徵明的《惠山茶会记》《陆羽烹茶图》《品茶图》等。茶类增多，泡茶的技艺有别，茶具的款式、质地、花纹多种多样。到了清代，茶叶出口已成一种正式行业，茶书、茶事、茶诗不计其数。

（二）茶的种类

由于我国产茶历史悠久，茶区辽阔，自然条件各异，茶树品种繁多，更因采制加工方法不同，从而形成了千姿百态、丰富多彩的茶品。人们通过长期的实践，创造并采用了不同的加工制作工艺，发展了从轻发酵、半发酵、全发酵到后发酵一系列不同的茶类，逐步形成了中国传统意义上的六大茶类：绿茶、黄茶、白茶、乌龙茶（青茶）、红茶、黑茶。此外，花茶和砖茶也是较有名的茶品。

1. 绿茶

绿茶是一种不经发酵制成的茶，叶片及汤呈绿色。中国著名的绿茶有西湖龙井（图4-1）、洞庭碧螺春、信阳毛尖等。

绿茶是我国产量最多的一类茶叶。绿茶具有香高、味醇、形美、耐冲泡等特点，其制作工艺都经过杀青—揉捻—干燥的过程。由于加工时干燥的方法不同，绿茶可分为炒青绿茶、烘青绿茶、蒸青绿茶和晒青绿茶。全国18个产茶省（区）都生产绿茶。我国的绿茶花色品种之多居世界之首，每年出口数万吨，占世界茶叶市场绿茶贸易量的70%左右。我国的传统绿茶——眉茶和珠茶，深受国内外消费者的欢迎。

图4-1　西湖龙井

2. 黄茶

黄茶（图4-2）属发酵茶类，黄茶的制作与绿茶有相似之处，不同点是多了一道闷堆工序。这个闷堆过程是黄茶制法的主要特点，也是它同绿茶的基本区别。

黄茶在制茶过程中经过闷堆渥黄，因而形成黄叶、黄汤。黄茶分黄芽茶（包括湖南洞庭湖君山银芽、四川雅安的蒙顶黄芽、安

图4-2　黄茶

徽霍山的霍内芽）、黄小茶（包括湖南岳阳的北港毛尖、湖南宁乡的伪山毛尖、浙江平阳的平阳黄汤、湖北远安的鹿苑茶）、黄大茶（包括广东的大叶青、安徽霍山的黄大茶）三类。

3. 白茶

白茶属轻微发酵茶，具有天然香味，茶分大白、水仙白、山白等类。其中以银针白毫（图4-3）最为名贵，特点是遍披白色茸毛，并带银色花泽，汤色略黄而滋味甜醇。它加工时不炒不揉，只将细嫩、叶背满茸毛的茶叶晒干或用文火烘干，而使白色茸毛完整地保留下来。白茶主要产于福建的福鼎、政和、松溪和建阳等地，有"银针""白牡丹""贡眉""寿眉"几种。

图4-3 银针白毫

4. 乌龙茶

乌龙茶（图4-4）是一种半发酵茶，特征是叶片中心为绿色、边缘为红色，俗称"绿叶红镶边"。乌龙茶主要产于福建、广东、台湾等地。一般以产地的茶树命名，如铁观音、大红袍、乌龙等。它有红茶的醇厚，而又比一般红茶涩味浓烈；有绿茶的清爽，而无一般绿茶的涩味。其香气浓烈持久，饮后留香，并具提神、消食、止痢、解暑、醒酒等功效。

图4-4 乌龙茶

5. 红茶

红茶是一种经过发酵制成的茶，叶片及汤呈红色。红茶与绿茶的区别在于加工方法不同。红茶加工时不经杀青，而是萎凋，使鲜叶失去一部分水分，再揉捻（揉搓成条或切成颗粒），然后发酵，使所含的茶多酚氧化，变成红色的化合物。这种化合物一部分溶于水，另一部分不溶于水而积累在叶片中，从而形成红汤、红叶。红茶主要有小种红茶、功夫红茶和红碎茶三大类。中国著名的红茶有安徽祁红、云南滇红（图4-5）和湖北宜红等。

图4-5 云南滇红

6. 黑茶

黑茶属于后发酵茶，是我国特有的茶类，生产历史悠久，以制成紧压茶、边销茶为主，主要产于湖南、湖北、四川、云南、广西等地。品种有湖南黑茶（图4-6）、四川边茶、云南普洱茶、湖北老青茶、广西六堡茶等，其中云南普洱茶久负盛名。黑茶原料粗老，加工时堆积发酵时间较长，使叶色呈暗褐色。黑茶原来主要销往边区，是藏族、蒙古族、维吾尔族等民族不可缺少的日常必需品。

图4-6 湖南黑茶

7. 花茶

花茶是成品绿茶之一，将香花放在茶胚中窨制而成。常用的香花有茉莉花、珠兰花、代代花、玫瑰花、柚花等。花茶以福建、江苏、浙江、安徽、四川为主要产地。苏州茉莉花茶（图4-7）是花茶中的名品；福建茉莉花茶属浓香型茶，茶汤醇厚，香味浓烈，汤黄绿，香味持久。

图4-7 苏州茉莉花茶

8. 砖茶

砖茶（图4-8）属紧压茶，将绿茶、花茶、老青茶等原料茶蒸制后放入砖形模具压制而成，主要产于云南、四川、湖南、湖北等地。砖茶又称边销茶，主要销往边疆、牧区，属半发酵茶。

图4-8 砖茶

（三）烹茶品茶

烹茶品茶

1. 恭请上座（每组主客人数不超5人）

主人欢迎来宾"恭请上座"，来宾坐上位，落座后主客行注目礼。

2. 备茶赏茶（以铁观音为例）

主人将茶叶罐里的茶旋转，然后倒在茶荷上，旋转茶叶罐的手四指合拢，从外向内。主人向来宾介绍茶："铁现音产于福建安溪，是乌龙茶中的极品"。安溪铁观音，茶条卷曲，肥壮、沉重，干茶色墨绿，属半发酵茶，有"七泡有余香"的美誉。

3. 温器

用热水温热主泡器。

4. 投茶、润茶

将茶叶投入主泡器，然后倒入沸水，让水浸润每一片茶叶，然后迅速将水倒入公杯，再倒入水盂。注水和出汤速度要快。

5. 温杯

温杯的顺序是从外往里，以环抱的手语表达欢迎恭敬之意。

6. 泡茶

将水注入主泡器，静待茶香，然后将茶水倒入公杯。

7. 分茶

分茶时，不交叉，不越物，将公杯向下倾斜45°角分茶，公杯底切忌朝向客人，分茶至杯中，七分满。

8. 请茶

双手示意，请客人品茶。客人左手持杯，右手托杯，品茶后将杯子放回原处。

二、文化内涵

茶文化包含丰富的内涵，它包括茶的历史发展，茶的发现和利用，茶区人文环境，茶业科技，茶的生产和流通，茶类和茶具的发生和演变，饮茶习俗，茶道、茶艺、茶德，茶对社会生活的影响，茶事文学艺术以及茶的传播等。其表现形式，一般认为可归纳为四个方面。

1. 物质形态

物质形态又称为茶的物态文化，如茶的历史文物，茶文化遗迹，各类茶书、茶画、茶事雕刻、茶类和茶具，茶歌、茶舞、茶戏、饮茶及茶艺表现，茶的种植和加工、茶制品等。

2. 制度形态

制度形态又称茶的制度文化，如茶政、茶法、茶税、纳贡、茶马互市等。

3. 行为形态

行为形态又称茶的行为文化，包括客来敬茶、婚嫁茶礼、丧葬茶事、以茶祭祀以及饮茶过程。

4. 精神形态

精神形态又称茶的心态文化，如茶禅一味、茶道、茶德、茶礼，以及以茶养性、以茶育德、以茶待客、以茶养廉等。

茶文化是中国传统文化的一部分，茶文化中蕴含很多哲学思想：

崇尚自然："天人合一""茶禅一味"的禅宗思想，体现了人与自然和谐共生。

静以修身：从茶园到茶宴、茶馆，从茶叶到茶具、茶水，通过沏茶、赏茶、饮茶的茶艺过程，修身养性，增进友谊。

朴实谦和：学习这些哲学思想，能让人依照自然规律生活和修养，用朴实、宽厚的心态待人，用谦逊、平和的方式处事。

三、拓展阅读

第二节　酒文化

知识目标

❖ 了解中国酒文化的历史起源。
❖ 了解不同时期酒的特点及分类方法。

能力目标

❖ 熟知酒文化的发展历程。
❖ 能够体验酒文化发展中的历史内涵。

素质目标

❖ 弘扬中国酒文化内涵，发扬中华民族酒文化宝库几千年蕴藏的文化思想。
❖ 体会中国酒文化的博大精深，提升对酒文化内涵的感受。

一、文化渊源

中国是世界上酿酒历史最悠久的国家之一，中华民族5000多年的历史长河中，酒及酒文化一直占据着重要地位。酒是一种特殊

梁知：以酒品人

的食品，属于物质的，但又同时融于人们的精神生活中，是一种文化的象征。"无酒不成席"，自古我国的宴会上就不曾离开过酒。

（一）酒文化历史

关于酒的起源，民间流传着很多种说法，如"上天造酒说""猿猴造酒说""仪狄造酒说"，当然，被大众所熟知的还是"杜康造酒说"。晋代江统所著《酒诰》中记载："有饭不尽，委之空桑，郁积成味，久蓄气芳，本出于此，不由奇方。"这就是杜康酿酒的方法，杜康被后世尊为酒神、酿酒之祖。

商朝时期主要盛产两类酒，一是淡酒醴，二是香酒鬯。淡酒醴，相对香酒鬯来说，更适合日常生活，多流行于平民百姓之间，在当时人们的生活中随处可见。而香酒鬯平时多是商王在祭祀大典的时候才会用到，由此可见它的地位绝不一般。

周代酿酒已有一套比较完善和合乎科学的酿酒工艺，已能酿制各种黄酒、果酒、配制酒。此外，周代开始设置专门的管酒官员——酒正，掌管有关制酒的政令。

秦汉时期，由于政治上的统一，社会生产力得到了迅速发展，农业和手工业生产也大幅提高，这就为酿酒业的发展和兴旺提供了必要的物质基础。《酒诰》《齐民要术》等酿酒巨著先后问世，它们详细记述了制曲酿酒的工艺技术，为后人留下很多宝贵经验。当时出现了许多名酒，其中红梁酒、九酿酒等尤为著名。

唐宋时期，中国传统酒的发展进入灿烂的黄金时代。传统的黄酒酿酒工艺流程、技术措施及主要的工艺设备在宋代基本定型。北宋末期著成的《北山酒经》，是我国古代酿酒历史上学术水平最高，最有指导价值的酿酒专著。宋代，举世闻名的"中国白酒"问世，成为酒中佳品，而且黄酒、果酒、葡萄酒、药酒等酒类也竞相发展，使中国酒达到历史上的鼎盛时期。

汉唐时期除了粮食酒流行，还从西域传入了葡萄酒，人们对此酒喜爱有加，在元代还专门规划出酒室，甚至还为其制造了精美的酒具。元代疆域辽阔，横跨亚欧大陆，由此从国外引进了高度蒸馏酒的做法，古人亲切地称之为"阿剌吉"。它的酒精含量过高，容易使人产生醉意。

明清时期，酒已成为人们生活中不可或缺的饮品，每逢佳节，人们多会设宴饮酒。不同的节日所饮的酒也有所不同，如元旦饮椒柏酒，正月十五饮填仓酒，端午节饮菖蒲酒，中秋节饮桂花酒，重阳节饮菊花酒等。此时酒的产量和品种也大大超过前朝，并逐渐形成了现代最为常见的黄酒、白酒、啤酒、果酒和配制酒五大类别。蒸馏酒的品种更为丰富——浓香、酱香、清香、米香、兼香等，各种白酒的酿造技术逐渐完备和成熟。

（二）酒的基本分类

根据酿酒方法分类，有酿造酒（即发酵酒）、蒸馏酒和配制酒。根据酒精含量分类，有高度酒（一般在40度以上）、中度酒（20～40度）和低度酒（在20度以下）。根据商业习惯，酒可分为白酒、啤酒、果酒、黄酒和配制酒等。

（三）酒器的解读

所谓酒器，是指饮酒用的器具。在中国古代，随着时代以及酿酒业的发展，各种不同类型的酒器应运而生，体现了时代特色。下面介绍从史前酒器到秦汉酒器的历史变迁之路。

1. 史前酒器

早在6000多年前的新石器文化时期，已出现了形状类似于后世酒器的陶器，根据史料，这些陶器还不一定就是专用的酒器（图4-9）。

随着社会生产力以及酿酒业的发展，酒器逐渐从一般的饮食器具中分化出来。酒器质量的好坏，也往往成为判别饮酒者身份高低的象征之一。

2. 夏商周酒器

夏代是我国建立的第一个王朝，使用的酒器仍以陶制品为多。在青铜器初兴阶段，白陶酒器还属于夏人所使用的高档酒器。

随后夏代开始出现青铜制品，目前所知经科学发掘而得到的青铜酒器，早就始于夏代。酒器的生产、配置与用途，可以传达酿酒的诸多信息，并能够让我们通过器皿实物来窥测远古时代的饮酒状况。

商周时代是我国上古酒器制作的辉煌时期。由于人们对酒的重视和崇拜，酒器从饮用器具上升为身份乃至权力的象征，因此，酒器在商周时代具有了极高的地位。

商朝开始出现了大量的青铜酒器（图4-10），这种青铜酒器在当时的社

图4-9 史前酒器

图4-10 商周时期青铜酒器

会生活中占有很重要的位置。一般来说，青铜酒器主要使用于贵族阶层，并且有从实用器向礼器发展的趋势，往往显示出一种财富气息。

商代的酒器已经形成完整的体系，每件酒器都有其专项用途，各类酒器可以进行相互搭配和整体组合，器型多样，制作精美，纹饰丰富多彩，形成时代风格。从商代的酒器中，我们可以勾勒出商人饮酒活动的大体排场，并通过酒器所传递的信息来了解当时的酒事动作与饮酒风尚。

周朝初年的酒器基本上沿袭了商代的风格，只是在酒器造型以及纹饰上有所变化，周朝的酒器出现了很多的时代特征，其制造工艺和精美程度也大大超过了商朝。

到西周中期，一些青铜酒器逐渐退出酒界，不再使用，壶成为重要的酒器。周朝以后，酒壶一直作为中国古代酒器的主体而存在，直至如今。

3. 秦汉酒器

秦汉之际，随着青铜酒器的逐渐衰落，陶瓷酒器和漆制酒具大为流行，成为两汉、魏晋时期的主要酒器类型。

秦汉时代人们饮酒一般是席地而坐，由于席地的原因，汉代的酒具形体一般都做得较为矮胖。

而酒樽的式样萌发于战国时代，到汉代大为流行，一直兴盛到魏晋，延续到唐初。汉代的酒樽式样基本为桶形和盆形，大多呈圆形，也有的呈长方形或多边形。汉代的酒樽虽然没有商周时代盛酒器那样种类丰富，但在材质上却有所发展，出现了瓷、漆、玉等制作的酒樽。

汉代流行的饮酒器是耳杯（图 4-11），以漆器为多，陶制品其次，铜制品不多。南昌西汉海昏侯墓出土过一只玉质耳杯，极为罕见。

图 4-11　汉代耳杯

汉代耳杯大多为木胎涂漆，呈椭圆形，两侧各有一个弧形的耳。这种耳杯，也叫作"羽觞"。

酒器的发展大多遵循酿酒技术的发展和人们的饮用习惯，让我们能从一器一具中推测历史，为白酒的起源发展提供了重要的证据。

二、文化内涵

随着社会的发展和酿酒业的普遍兴起，酒逐渐深入人们日常活动的各个领域，酒事活动也随之广泛，并逐渐程式化，形成较为系统的酒风俗习惯。在中国各族人民的日常生产、生活、社交活动中，酒与民风民俗保持着血肉相连的密切关系，诸如农事节庆、婚丧嫁娶、生日寿庆、庆功祭奠、迎送宾客等民俗活动，酒都成为必备物品。

中国酒文化的核心要素是"礼"和"德"。酒礼突出体现在古代酒宴上，其中一些礼仪、礼节延续至今。酒文化折射、演绎和传播着现实社会的道德风尚和文化规则，酒文化所传播的不是单纯的礼，而是通过礼来传播德，这是中国酒文化核心中的核心。中国酒文化既是德的完整体现，也同时起到对德的强大传播作用。

三、拓展阅读

第三节　食文化

知识目标

❖ 了解和欣赏中国饮食文化的特点，理解饮食文化的内涵。
❖ 熟悉中国饮食文化的特征，体验中华饮食文化的发展。

能力目标

❖ 对中国传统饮食文化发展、饮食文化特色形成清楚的认知，能够理解中国传统饮食文化中体现的生活趣味及文化内涵。

素质目标

❖ 弘扬中国饮食文化内涵，发扬中华民族饮食文化宝库几千年蕴藏的文化思想和民族精神。
- ❖ 激发对烹饪文化的学习热情，提高综合素养。

一、文化渊源

（一）食文化的特征

1. 以谷物为主

中国人的传统饮食习俗是以植物性食料为主，即以"五谷"（图4-12）为主食，辅之以各种蔬菜，外加少量的肉食。南方主产稻米，以大米为主食；北方生产黍、稷、粟、麦、菽，以杂饭为主食；西北、北方少数民族则发展了以肉食和乳酪为主的饮食习惯。北方人嗜葱蒜，喜盐口重；蜀湘人嗜酸辣；粤人嗜淡，口轻；江浙人嗜糖，喜甜食。

图4-12 五谷

2. 以熟食为主

早期人类，茹毛饮血，火的运用，开始改变人类的生活质量，也改变了人类的饮食习惯。随着陶器的发明和大规模使用，将食物加热煮熟成为中国人加工食品的主要方式。大约从魏晋时起，便逐渐形成了煮、烹、煎、爆、炸、卤、糟等一系列烹饪技术，并有了专门记载烹饪技术的书籍，如《食经》《随园食单》等。

3. 从分餐到聚餐

众所周知，如今中西饮食方式的最大区别是分餐（图4-13）和合餐（图4-14）。其实，中国是世界上最早实行分餐制的国家之一，最早可追溯到3000多年前的周朝。周朝重"礼"，形成了严格的等级制度，包括分餐时的座位、餐具、食材等差异，都是人们身份和地位的象征。如今的合餐制是在宋朝才正式确立的。家具种类的完备、市井文化的昌盛、人文主义的盛行、商业娱乐的繁荣，合餐制就此代替了分餐制度。合餐不仅节省餐具和食材，也符合儒家文化"和"的思想，意味着"人和"，还代表"家和"，象征着和谐团圆。

图4-13　分餐图

图4-14　合餐图

4. 重视饮食礼仪

由于宗法观念和等级制度的影响，中国人十分注重以饮食活动来区别君臣、尊卑、长幼。中国饮食礼仪在宴会上的反映最为明显。通过在宴席上讲"礼"，增进感情，创造和谐气氛。邀客用请柬，客人来后要敬茶、敬酒；宴会桌的规格要与客人地位、身份相称；入席时，以长幼、尊卑、亲疏等排座次是宴会礼仪中的重要环节。中国历史上有名的宴会有鹿鸣宴、曲江宴、满汉全席等。

5. 讲究色、香、味、形、器、效

中国传统饮食在制作方法上通常讲究色、香、味俱全，这也是中国传统饮食文化的一个显著特色。色是指食品的色泽要鲜艳，香是指闻着要香气浓郁，味是指吃着要滋味无穷，形是指摆放的形状和外观要优雅，器是指盛放食品的容器要秀丽，效是指食用后的养生效果要优良。满足这些要求制作出的食品，不仅是一道道美味佳肴，更是陈列于餐桌上的一件件高超的艺术品，使人赏心悦目、垂涎欲滴。

为了达到如此高超的技艺水平，几千年来，我们的祖先付出了艰苦的努力和探索，表现出了享誉世界的智慧和创造力。

（二）食文化的发展

秦朝以前，饮食文化以物质形态的文化为主，是饮食文化的萌芽与形成时期。原始社会的人们主要通过狩猎和采集的方式来获取食物，食用方式是生食。经过漫长的岁月，当人们学会利用自然火，发明人工取火后，熟食开始被制作出来，之后烹饪工具也慢慢丰富和精美起来，有了陶器、青铜器、漆器、木器、象牙器等各种材质的器具。盐的使用标志着烹饪真正走上了文化之路。古人何时开始食用盐，迄今尚无史籍记载。但是，在饮食发展史上，盐的使用是继火的使用之后的第二次重大突破，加入了盐的食物变得更加美味。以秦朝为始的整个封建社会是饮食文化高速发展、成熟的时期，这一时期，饮食文化除了物质形态进一步发展，烹饪著作等精神形态的饮食文化也迅速发展。

西汉时期，张骞出使西域，引进了石榴、葡萄、西瓜、甜瓜等水果，黄瓜、菠菜、胡萝卜、茴香、芹菜、苜蓿、莴笋、大葱、大蒜等蔬菜，以及芝麻、胡桃（即核桃）、胡豆、扁豆等食物，还引进了一些烹调方法，这些都为我国饮食文化的发展奠定了物质基础。西汉时期，铁质器皿逐渐普及，瓷制餐具成为常用的餐具，饮食文化的"色、香、味、形、器"五要素均已具备。

烹饪理论的著作也日益丰富，如隋朝的《食经》、唐朝的《烧尾宴食单》与《砍斫论》、清朝的《随园食单》等。其中，《随园食单》是袁枚40年美食实践的产物，它以文言随笔的形式细腻地描摹了乾隆年间江浙地区的饮食状况与烹饪技术，用大量的篇幅详细记述了中国14—18世纪流行的326种南北菜肴，也介绍了当时的美酒名茶，是清朝一部非常重要的中国饮食名著。

二、文化内涵

民以食为天，人类必须以饮食维持生命，然后才能从事其他各项活动。随着历史的发展和社会的进步，我们的祖先将最初仅仅满足人的生理需要的饮食，从饮食结构、食物制作、食物器具、营养保健和饮食审美等方面，发展演变为自己

独特的饮食民俗，最终创造了别具一格的中国饮食文化，成为中国传统文化的重要组成部分。

"精""美""情""礼"四大要素从各个层面对中华饮食文化进行了总结，构成了中华饮食文化的完整概念。"精"和"美"强调的是饮食的品质和意象，"情"和"礼"则关注饮食的心理、风俗习惯及其社会作用。然而，这四者并非相互独立，而是相互依赖、相互影响。只有"精"，方有"美"的全面；唯有"美"，方能激起"情"；只有"情"，方可顺应时势之"礼"。这四种元素相辅相成，完美地融合在一起，构成了中华饮食的至高层次。对"精""美""情""礼"的正确把握，才能对中华饮食文化有更深入的了解，从而使中华饮食文化得到更好的传承

三、拓展阅读

第五章 传统技艺

本章导读

中国人民在几千年的生产和生活实践中,创造出了许多独具特色的传统技艺,这些传统技艺至今仍影响着我们生活的方方面面,体现了中华民族非凡的创造力和工匠精神。延续千年的工匠精神属于职业精神的范畴,是从业人员的职业价值取向,是从业过程中的职业态度和精神理念,与人生观和价值观紧密相连。

第一节 传统房屋建筑

知识目标

❖ 了解中国传统建筑的分类及发展史。
❖ 了解中国传统建筑的构成与特点。

能力目标

❖ 熟知庙堂殿宇、园林等不同建筑类型及其特点。
❖ 熟知有代表性的著名的传统建筑。
❖ 能够体会中国传统建筑的美感,感受古代劳动人民的智慧和工匠精神。

素质目标

❖ 弘扬中国古建筑文化内涵,培养刻苦钻研的精神和一丝不苟的科学精神。
❖ 培养对中国古代建筑的热爱,厚植爱国情怀与文化自信。

思维导图

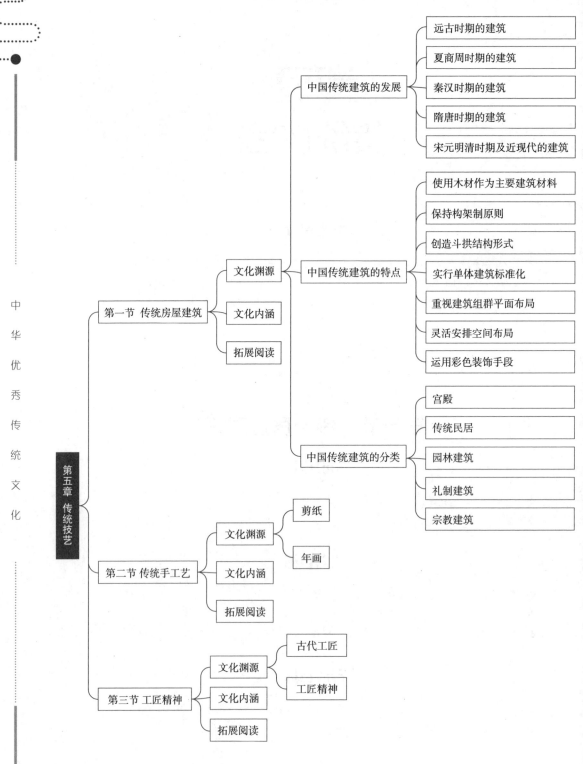

一、文化渊源

（一）中国传统建筑的发展

中国建筑自先秦至 19 世纪中叶以前基本上是一个封闭的、独立的体系，2000 多年间风格变化不大，统称为中国传统建筑。中国建筑艺术文化按时间顺序可分为远古时期、夏商周时期、秦汉时期、隋唐时期、宋元明清时期及近现代等几个阶段。

中国建筑的奇迹

1. 远古时期的建筑

远古时期，我们的祖先为了遮风避雨、取暖避暑、避免自然灾害和其他动物的侵害，常常要借助自然资源，开辟住所，如在洞穴（图 5-1）里生活。距今约 50 万年前的旧石器时代初期，原始人利用天然崖洞作为居住的处所，那时还谈不上建筑的存在。新石器时代，黄河中下游的氏族部落利用土穴、木架和草泥建起简单的穴居，后来逐步发展为地面上的房屋；长江流域地区出现了架离地面的干栏式建筑（图 5-2）。这是中华先民创造出的最早的建筑文化。

图 5-1　穴居

图 5-2　干栏式房屋

2. 夏商周时期的建筑

公元前 21 世纪的夏朝出现了夯土建筑，有了建于高大夯土台上的宫室。商周时期，中国建筑的主要特征，如庭院形式、对称布局、大梁架结构、单体造型、大屋顶等已初步形成，不过因诸侯割据而南北各异。这一时期还出现了制度严整的宫殿建筑全体，如朝歌宫殿遗址（图 5-3）、湖北武汉盘龙城宫殿遗址、陕西扶风岐山宫殿遗址等。建筑群中亦逐渐开始体现人与人的关系和等级制度。周朝规定"天子堂高九尺，诸侯七尺，大夫五尺，士三尺"，出现了专门管理建筑及工程建设的官职，称为"司空"。

图 5-3　经修复的朝歌露台遗址

3. 秦汉时期的建筑

秦汉时期是中国第一个大一统的时期，建筑规模更加宏大，组合形式多样。汉初，仍继承了前代高台建筑的形式和纵架木结构，至汉末，台榭建筑逐渐减少，木构楼阁出现。楼阁建筑各层栏檐和平座有节奏地挑出和收进，使外观稳定但不单调，并产生虚实明暗的对比。多层楼阁的兴起，促进了结构和装饰构件——斗拱的发展。秦汉时期的建筑布局舒展、整齐，表现出刚健、质朴的风格特色。

建筑室内墙壁多为土坯，涂刷白灰。地面铺砖，方形居多，上饰花纹，宫殿建筑中，也有以红黑两色漆地的做法，宫殿室内铺设地毯。建筑的装饰有壁画、画像砖、画像瓦、瓦当等，装饰题材多样。重要的建筑如宫殿、祠堂、庙宇等已经出现了比较正规的藻井彩画。

这一时期，建筑以"高""大"为美，"夫天子以四海为家，非壮丽无以重威，而无令后世有以加也。"著名的建筑有秦朝的阿房宫（图 5-4）、咸阳宫，汉朝的未央宫、建章宫、长乐宫等。

图 5-4　阿房宫复原图

4. 隋唐时期建筑

汉末到南北朝时期，随着佛教的传入和盛行，南北民族的大融合，文人、士大夫归隐山林的思想情趣的兴起，山水诗、山水画的出现，建筑艺术文化在传统的理性精神中加入了许多浪漫情调。

隋唐时期是中国封建社会的鼎盛时期，在城市建设、木构、砖石建筑等方法均有巨大进步。隋唐时期建筑规模宏伟，规划严整，大型建筑群体的处理手法日趋成熟：宫殿（图5-5）、坛庙恢宏舒展；寺院、石窟造型浑厚且形制多样。木构建筑已解决大面积、大体量的技术问题，并逐渐定型化。至此，中国建筑体系已经发展至成熟阶段，成为稳定的建筑体系，不仅单体建筑的艺术处理手法更为细腻而有特色，在建筑组合体、群组布局乃至城市规划上都更为成熟，形成具有高度艺术水平的唐代风格。

图5-5　唐朝大明宫复原图

5. 宋元明清时期及近现代的建筑

自五代起，随着城市经济的发展及中外文化的进一步交流，中国传统建筑艺术日趋完善，至清代走向最成熟的阶段。城市街巷规格方整，宫殿陵墓建筑定型化，形制增多，手法多样。其总体风格雍容、典雅、严谨、清晰。

随着封建制度的解体、西方文化的传播、现代社会科学技术的发展及人们审美情趣的文化心理的变迁，20世纪的中国建筑产生了较大的变化。在传统的园林建筑中，增加了建筑的比重，空间更加曲折多变，装饰更加繁复细致，且出现了大量中西合璧式的公共建筑（图5-6），更加注重实用功能与审美功

图5-6　老上海石库门里弄——中西合璧建筑代表

能的统一。20世纪80年代以后,城市整体布局更加开放,变革更加迅速,风格更加丰富多样,呈现出了时代风格与民族风格的有机结合。

(二)中国传统建筑的特点

中国传统建筑十分重视对中和、平易、含蓄而深沉的美学性格的追求,在其发展过程中,呈现以下七大特点。

1. 使用木材作为主要建筑材料

在中国传统建筑发展的过程中,木材始终作为主要的建筑材料,由此创造出了独特的木结构形式。以木材为骨架,既能达到实际的功能要求,又能创造出优美的建筑形体及相应的建筑风格。

2. 保持构架制原则

中国传统建筑以立柱和纵横梁柱组合成各种形式的梁架,使建筑物上部荷载经由梁架、立柱传递至基础。墙壁只起围护、分隔的作用,不承受荷载,即"墙倒屋不塌"。在构筑梁架的过程中,部件之间通过榫卯结构相互连接,不使用钉子等辅助用具。

3. 创造斗拱结构形式

斗拱是中国汉族建筑特有的一种结构。如图5-7所示,在立柱和横梁交接处,从柱顶上加的一层层探出成弓形的承重结构叫拱,拱与拱之间垫的方形木块叫斗,合称斗拱。它是较大建筑物的柱与屋顶之间的过渡部分,功用在于承受上部支出的屋檐,将其重量或集中到柱上,或间接地先纳至额枋上再转到柱上。

图5-7 斗拱

4. 实行单体建筑标准化

传统的宫殿、寺院和民居都是由多个独立建筑物组合而成的群体。整体结构分为三个部分：台阶基础、房屋主体和屋顶。底下是用石头垒成的台阶，支撑起整个房子；台阶上有一座房屋，以木柱为框架，中间装有窗户和隔板；其顶部形成优美的弧线，向外延伸。

5. 重视建筑组群平面布局

建筑群的平面布置注重内敛、分层、平衡和对称的原则。除了城楼和钟鼓楼等特殊建筑，单个建筑难以完整展现其整体风貌。每个院落最小为一个院落，最大可达数十个院落，形式多样，层级丰富，有效解决了单一建筑形式的弊端。建筑设计采用左右对称的理念，以房子为主体，院落为中心。所有建筑形态都围绕轴线展开，只有花园的规划采取了灵活多变的原则。

6. 灵活安排空间布局

内部隔断采用棉扇、门、盖、屏风等便于安装拆卸的活动结构，可随意分割和变化。它既可以与内部空间形成一个整体，也可以为建筑营造良好的自然环境。在这里，可以种植花草、堆山填塘、搭建凉亭，有些地方还设置廊道，让室内外相互转换，增加生活趣味。

7. 运用彩色装饰手段

木构建筑的梁、柱等构件都经过防腐处理，着带有传统文化特色的髹漆和彩绘。通常采用绿色、红色等矿物涂料绘制出艳丽的花纹，为建筑增添美观。木质装饰部件、彩色花纹、木质纹理及不同形状的菱形图案都是既实用又美观的艺术品。自北魏以来，五光十色的玻璃屋面、牌坊、照壁，使得建筑流光溢彩。

（三）中国传统建筑的分类

中国传统建筑根据功能的不同，可以分为居住类建筑、祭祀类建筑、宗教类建筑等。

1. 宫殿

宫殿是帝王朝会和居住的地方，是中国古代建筑中最高级、最豪华的一种类型。它规模宏大，形象壮丽，格局严谨，反映了一个时代建筑艺术及技术的最高成就。

明、清两代的皇宫——故宫是中国明清两代的皇家宫殿，旧称紫禁城（图5-8），位于北京中轴线的中心，是中国古代宫廷建筑之精华。它是世界上现存规模最大、保存最为完整的木质结构古建筑之一，被誉为世界五大宫之首。

图 5-8 故宫太和殿

北京故宫于明成祖永乐四年（1406 年）开始建设，以南京故宫为蓝本营建，到永乐十八年（1420 年）建成，至今已有 600 多年的历史。故宫占地面积 72 万多平方米，殿宇廊屋 9000 余间，建筑面积约 15 万平方米。建筑布局继承了古代帝王皇宫前朝后寝的传统格局，分作前朝和内廷两部分。前朝以太和殿、中和殿、保和殿为中心，东西分列文华、武英两殿，是皇帝日常朝会和举行庆典的地方。内廷以乾清宫、交泰殿、坤宁宫为中心，两旁分列东、西六宫，其后又有御花园，为皇帝处理日常政务和后妃、皇子们居住、游乐、礼佛敬神之处。在中轴线的两侧有慈宁宫、寿安宫、皇极殿、养性殿等，是专为太上皇、皇太后等养老的宫殿。整个紫禁城的建筑金碧辉煌、灿烂绚丽。故宫的四个城角都有精巧玲珑的角楼，造型灵动美观。整个故宫建筑布局统一，主次有序，空间丰富多变。

太和殿

2. 传统民居

中国疆域辽阔，民族众多，由于各民族的历史传统、生活习俗、人文条件、审美观念的不同，而且各地的自然条件和地理环境不同，因而，民居的平面布局、结构方法、造型和细部特征也不同，淳朴自然而又有着各自的特色。在中国的民居中，最有特点的是北京四合院、西北黄土高原的窑洞、安徽的古民居、福建和广东等地的客家土楼和蒙古族的蒙古包。

北京四合院（图 5-9），采取中轴对称方式布局，以木构架房屋为主，在南北向的主轴线上建正厅或正房，正房前面左右对峙建东西厢房。长辈住正房，晚辈住厢房，妇女住内院，来客和男仆住外院，这种内外有别、尊卑有序、等级分明的居住方式，充分体现了传统伦理观念。

图 5-9　北京四合院

西北民居主要是窑洞（图 5-10），世世代代居住在黄土高原的人们，利用又深又厚、立体性能极好的黄土层，挖出拱洞，再在洞口装上门窗，建造了这种独特的住宅。这种建筑冬暖夏凉，适合当地干燥少雨、冬季寒冷、木材匮乏的环境特征。

图 5-10　西北窑洞

西南地区气候炎热，雨水充足，林木资源丰富，民居多采用干栏式建筑。这种建筑下部架空，用数十根木柱支撑楼上的重量，四周不设墙，主要用来养家禽、家畜，堆放柴草、谷物。这样的设计既可以防潮，也可以防野兽，可谓一举多得。

客家人的居住地大多在偏僻、边远的山区，客家先民为了防范盗匪骚扰，保护家族的安全，就创造了一种庞大的民居——土楼（图 5-11）。

少数民族住宅也是别具一格、各有风采，如蒙古族的蒙古包（图5-12）、土家族的吊脚楼（图5-13）、傣族的竹楼（图5-14）、藏族的碉房（图5-15）、新疆吐鲁番的土坯房（图5-16）等。

图5-11　客家土楼

图5-12　蒙古族的蒙古包

图5-13　土家族的吊脚楼

图5-14　傣族的竹楼

图5-15　藏族的碉房

图5-16　新疆吐鲁番的土坯房

3. 园林建筑

中国古典园林一般以自然山水作为景观构图的主题，建筑只为观赏风景和点缀风景而设置，表现了人们对大自然的赞美与热爱，蕴含着丰富的中国传统文化。中国古典园林根据风格类型可以分为皇家园林（如承德避暑山庄）、寺观园林（如灵隐寺、白马寺)、风景园林(如西湖苏堤六桥、三潭印月)和私家园林(如扬州个园、苏州拙政园),根据地域可分为北方园林、江南园林和岭南园林。

北方以皇家园林为主流,如香山静宜园、玉泉山静明园、万寿山清漪园、圆明园、畅春园(号称"三山五园"),以及承德避暑山庄、蓟州行宫等,这些园林总体规划壮观,园林艺术装饰豪华,建筑尺度大、庄严,建筑色彩以红、黄等色为主,园林布局多为园中园。在有山有水的布局中,非常注重园林建筑所起的控制和主体作用,也注重景点的题名,形成显著的山水园林与建筑宫苑特点。而江南地区由于丰富的物产和独特的气候,私家园林的水平最高,数量最多,加之文人的参与,私家园林如苏州园林(图5-17)多追求诗情画意,在有限的空间内凿池堆山、栽植花木,结合建筑布局,因势随形,创造出重含蓄、贵神韵的咫尺山林、小中见大的景观效果。园林建筑个体形象玲珑轻盈,室内外通透,灰砖青瓦,白粉墙壁,各种木雕、漏窗、洞门、匾额都表现出极为精细的工艺水平。岭南园林建筑受炎热气候的影响,必须考虑自然通风,故形象的开透更胜于江南。

图5-17 苏州园林——拙政园

4. 礼制建筑

中国古代礼制性建筑是表达对天地、祖先的崇敬和感恩而举行各种祭祀活动的场所。从建筑类型看,坛、庙、宗祠、明堂、陵墓、朝堂、阙、华表、牌坊等为礼制性建筑的五个类别。

5. 宗教建筑

宗教建筑是人们从事宗教活动的主要场所,包括寺、塔、庙、观、庵等。除石窟寺外,宗教建筑多营建成院落式,其装饰纹饰、图案等含有各自的宗教元素。中国古建筑中的宗教建筑,有汉式的佛寺、佛塔和石窟,喇嘛教的宫室式木建筑、碉房式的砖石建筑,伊斯兰教的阿拉伯式的建筑和道教的宫观庵庙。

二、文化内涵

中国是世界四大文明古国之一，有着悠久的历史，为人类文化宝库与非物质文化遗产作出了巨大的贡献，是联合国教科文组织及世界文化建设领域的核心国之一。中国人用自己的血汗和智慧创造了辉煌的传统建筑文明，铸就了一个又一个世界第一与世界奇迹。中国传统建筑体系是世界上历史最悠久、最完整的建筑体系，无论是单体建筑还是院落组合，以及城市规划、园林布置、桥梁水利等，中国传统建筑在世界建筑史中都处于领先地位。中国传统建筑完美地体现了"天人合一"的建筑思想，我们可以从以下六个方面理解其文化内涵：一丝不苟的精神，切磋琢磨的精神，爱岗敬业的精神，德艺兼修的精神，精益求精的精神，科技创新的精神。

三、拓展阅读

第二节　传统手工艺

知识目标

❖ 了解传统手工艺创作规律和技法进行服饰品的设计与制作及发展历史。
❖ 了解中国传统手工艺的概念、范畴、类型及历史，以及艺术美学等相关知识。

能力目标

❖ 熟知中国传统剪纸、年画、皮影戏、刺绣等传统手工艺知识。
❖ 掌握中国剪纸、年画、皮影戏、刺绣等手工艺的基本情况、成就、基本精神。
❖ 能够欣赏传统艺术作品。

素质目标

❖ 弘扬中华民族的伟大智慧，培养学生道德、知识、身体和审美的全面发展，以满足现代和经济发展的需要。
❖ 立足中华优秀传统文化，学习借鉴中国文明优秀成果，发掘和运用传统工艺所包含的文化元素和工艺理念。

一、文化渊源

传统手工艺是指历代劳动人民按照实用功能和审美要求,就地选取天然材料,以手工为主的方式生产日用品和工艺美术品的一种技能。传统手工艺俗称"民间手工艺",在我国民间有着悠久的历史,是中华民族文化艺术的瑰宝,它以悠久的历史、精湛的技艺、丰富的门类、异彩纷呈的传世佳作蜚声海内外。几千年来,传统手工艺产业始终代表中华民族的一大特色产业。传统手工艺品既是文化艺术品,又是日常生活用品,与人民生活息息相关。

中国作为一个有着5000多年悠久历史的文明古国,手工艺文化有着悠久的发展历史,历代工匠利用不同材质的原料,凭借精湛的技艺创造出了丰富多彩、巧夺天工的手工艺品,这些成为中华优秀传统文化的重要组成部分。手工艺者是中国人几千年的日常生活中不可或缺的职业。

(一)剪纸

剪纸,又叫刻纸、窗花或剪画,区别在创作时,有的用剪子,有的用刻刀,虽然工具有别,但创作出来的艺术作品基本相同,因此统称剪纸。剪纸是中国最普及的民间传统装饰艺术之一,有着悠久的历史。因其材料易得、成本低廉、效果立见、适应面广、样式千姿百态、形象普遍生动而受欢迎;更因它最适合农村妇女闲暇制作,既可作实用物,又可美化生活。全国各地都能见到剪纸,甚至形成了不同地方风格流派。剪纸不仅表现了群众的审美爱好,并蕴含着民族的社会深层心理,也是中国最具特色的民间技艺之一,其造型特点尤其值得研究。剪纸从色彩上分,有单色剪纸和套色剪纸。新春佳节时,许多地区的人们还喜欢在窗户上贴各种剪纸,因其大多是贴在窗户上的,所以也被称为"窗花"。窗花的内容多种多样,有广为流传的民间故事,也有各类人物和动物的图案,象征吉祥幸福。在贴春联的同时,一些人家要在屋门上、墙壁上、门楣上贴上大大小小的"福"字。春节贴"福"字(图5-18),是我国民间由来已久的风俗,"福"字寄托了人们对幸福生活的向往,对美好未来的祝愿。为了更充分地体现这种向往和祝愿,有人干脆将"福"字倒过来贴,表示福气已到。还有许多人将"福"字精描细做成各种图案,图案有寿桃、寿星、鲤鱼跳龙门、五谷丰登、龙凤呈祥

图5-18 福字剪纸

等，以增添喜庆气氛。剪纸作为中国本源哲学的体现，在表现形式上有着全面、美化、吉祥的特征，同时剪纸用自己特定的表现语言，传达出传统文化的内涵和本质。

（二）年画

年画始于古代的"门神画"，清光绪年间，正式称为年画。年画是我国一种古老的民间艺术，起源于"门神"。门神是道教因袭民俗所奉的司门之神。民间信奉门神，由来已久。《礼记·祭法》云："庶士、庶人立一祀，或立户，或立灶。"可见在民间，门神和灶神信仰有悠久的历史。门神分为三类，即文门神、武门神和祈福门神。文门神即画一些身着朝服的文官，如天官、仙童、刘海蟾等；武门神即武官形象，如秦琼、尉迟恭等；祈福门神则为福、禄、寿三星。年画是中国特有的一种绘画体裁，也是中国农村老百姓喜闻乐见的艺术形式，大都用于新年时张贴，装饰环境，含有祝福新年吉祥喜庆之意，故名。传统民间年画多用木版水印制作，主要产地有天津杨柳青、苏州桃花坞和山东潍坊。随着雕版印刷术的兴起，年画的内容已不仅限于门神之类单调的主题，而是变得丰富多彩。在一些年画作坊中产生了《连年有余》（图5-19）《福禄寿三星图》《天官赐福》《五谷丰登》《六畜兴旺》《迎春接福》等精美的彩色年画，以满足人们喜庆祈年的美好愿望。在民间流传最广的是一幅《老鼠娶亲》的年画，描绘的是老鼠依照人间的风俗迎娶新娘的有趣场面。

图5-19 年画《连年有余》

二、文化内涵

中国传统手工技艺包罗万象，往往与人们的日常生活息息相关。这些技艺蕴含着手工艺人及使用者的智慧与审美，是中国优秀传统文化的重要组成部分。中国传统手工艺品所蕴含的丰富文化积淀肩负着中华文明的继承与传播。我们应将现代工业文明成果形成的新工具、新思维与传统技艺有机衔接，完成技术、艺术、文化、伦理等多层次的有效传承，续接中华优秀传统文化，继承中华文明成果，丰富世界文化宝库，展示中国智慧与中国力量。

我们可以从以下五个方面理解其文化内涵：心传体知的精神，师徒相承的精神，开放包容的精神，勇于突破的精神，务实创新的精神。

三、拓展阅读

"六合同春"剪纸

第三节 工匠精神

知识目标

- 了解工匠精神的深刻含义。
- 对工匠精神充满敬仰之情,并树立正确的职业理念。

能力目标

- 熟知各种器物的发展历程和用途。
- 能分辨不同器物及其文化信息。
- 具备器物鉴赏能力和感受美的能力。

素质目标

- 弘扬工匠精神,厚植工匠文化,恪尽职业操守,崇尚精益求精,完善激励机制,培育众多"中国工匠",打造更多享誉世界的"中国品牌",推动中国经济发展进入质量时代。
- 培养"执着专注、作风严谨、精益求精、敬业守信、推陈出新"的工匠精神,为服务地方经济发展提供高素质技术技能型人才。

一、文化渊源

中国有悠久的手工艺传统,工匠也不曾消失,传统手工艺是传承"工匠精神"最重要的载体之一,蕴含着工匠精神的哲学思想与美学追求。在当今社会,传统手工艺蕴含的工匠精神仍具有重要的现实价值与意义,它是支撑中国传统制造业转型升级的精神动力和培育国民新素质的道德力量。

传统的手工劳动延续到了当今社会,能工巧匠为我们的社会创造出了丰富多彩的产品，工匠及其精神仍是我们社会不可或缺的资源和财富。另外，高新技术产业中的自动化生产也不能完全脱离人的直接参与和介入，如生产过程的监控、调节、维护，甚至某些特殊部件的加工制作，都需要人的操作，所以工匠精神依然可贵。

（一）古代工匠

奴隶制社会早期，工匠大多为统治者服务，并且在社会上有着较高的地位。商朝时期，人们普遍喜欢新颖独特的器物，因而从事制作器物的工匠成为当时人们较为尊重的一个职业。在出土的很多甲骨卜辞中，都存在为工匠占卜福祸的记载，足以说明当时的统治者对工匠非常重视。

西周时期，工匠仍然具有超然的地位。西周初年，周公曾下令，违背禁令喝酒的人都要被处死，但是工匠可以除外，只要给予教育就行了。源出《周礼》的《考工记》记载："国有六职，百工与居一焉。或坐而论道，或作而行之，或审曲面势，以饬五材，以辨民器，或通四方之珍异以资之，或饬力以长地财，或治丝麻以成之。坐而论道，谓之王公；作而行之，谓之士大夫；审曲面势，以饬五材，以辨民器，谓之百工；通四方之珍异以资之，谓之商旅；饬力以长地财，谓之农夫；治丝麻以成之，谓之妇功。"

到了春秋战国时期，随着诸侯混战，很多小国被吞并，小国内原有的工匠流落各地，有的继续投靠依附于一些王侯贵族，有的工匠则成为独立经营的民间工匠，这些工匠有的定居于市旁，方便出售自己生产的产品，有的则依靠自己的手艺云游四方。因此，工匠们的身份出现了分化，一部分服役于官府机构的称为官方工匠；而在家为自己劳动，靠出售自己产品生存的工匠则称为民间工匠。民间工匠虽然不能像官方工匠那样衣食无忧，有着较为固定的收入，但他们的身份却较官方工匠更为自由，而且民间工匠队伍的壮大，极大地推动了中国民间手工艺的繁荣。

进入封建社会，人们将社会职业分为士、农、工、商四大类。在儒家"学而优则仕"的观点看来，技术都是"奇技淫巧"，工匠的地位不仅低于士人，也低于农民。因而在2000多年漫长的封建社会时期，中国的"百工"行业地位普遍不高。但随着社会经济的发展，工商业的日益繁荣，从事手工生产的人口越来越多，百工的社会地位在宋明时期又有所变化。北宋时期打破了商业区和住宅区的界限，两者融为一体，推动了工商业经济的繁荣，更多的百姓愿意从事手工行业，在宋代的话本《大宋宣和遗事》中甚至出现了"一百二十行"的称呼，取代了原先的"百工"之说。到了明朝，坊间更是流行"三百六十行"的提法，进一步说明了这一时期手工行业门类繁多，手工业发达兴盛。下面列举两位古代工匠的杰出代表。

1. 百工之首——鲁班

鲁班，姓公输，名般，春秋时期鲁国人，中国古代优秀工匠的代表，杰出的机械发明家，更被木匠奉为"祖师"。鲁班出生在鲁国一个木匠世家，从小就跟随家人参加了很多土木建筑活动。他善于观察，勤于思考，遇到不明白的问题，就谦虚地向有经验的师傅们请教。在家庭的熏陶和自己的勤奋努力下，鲁班掌握了高超的木工技巧，进行了很多创造发明，包括木工工具、战争兵器、农业器具、仿生机械等领域，被誉为"百工之首"。

2. 天才发明家——马钧

马钧，字德衡，三国时期魏国扶风（今陕西兴平）人，是我国杰出的机械专家。马钧小时候家里很穷，连吃饭都成问题，而且说话还口吃，但他学习勤奋刻苦，善于思考，勇于实践，先后制成了指南车、翻车、提花机、"水转百戏"等精巧绝伦的器具，为我国古代科学发展和技术进步作出了重大贡献。

（二）工匠精神

"百工之事，皆圣人之作也。烁金以为刃，凝土以为器，作车以行陆，作舟行水，此皆圣人之所作也。"能工巧匠曾经被誉为"圣人"，工匠在人类社会发展史上的重要地位是不言而喻的。《2016年国务院政府工作报告》中首次提出"工匠精神"。2020年12月，习近平总书记致信祝贺首届全国职业技能大赛举办，在信中强调"大力弘扬劳模精神、劳动精神、工匠精神""培养更多高技能人才和大国工匠"。

工匠精神不仅是一种工作态度，也是一种人生态度。一个时代有一个时代的精神气质，新时代工匠精神代表着新时代人的精神气质。以工匠精神雕琢新时代气质，体现在我们对职业的尊重与要求上。工匠精神是一种精益求精的品质。央视推出的《大国工匠》让人叹服，他们中有人能在牛皮纸一样薄的钢板上焊接而不出现一丝漏点，有人能把密封精度控制到头发丝的五十分之一，还有人检测手感堪比X光那般精准。比如中国航天科技集团一院火箭总装厂高级技师高凤林，他给火箭焊"心脏"，是发动机焊接的第一人。0.16毫米，是火箭发动机上一个焊点的宽度；0.1秒，是完成焊接允许的时间误差。而这背后彰显的就是对品质精益求精的工匠精神。"人无我有，人有我优"，在新时代的今天，我们更需要具备这种精益求精的工匠精神，让中国制造业水平提升到令人敬仰的国际尖端。

工匠精神是一份锐意创新的心意。"科技是第一发展动力，创新是第一驱动力。"这句话直接指出创新的重要性，而时下中国许多地方创新不足：传统制造业主体意识不强，走原来老路，靠产能、靠库存，同质化严重，低价成为主要竞争手段，创新力严重不足；大众创新、万众创业的环境下，创业成为时尚，但是创业项目选择却呈现病态，抄袭成风，去中间化，搞流量化，缺少创新项目，创业失败成为必然。在这种形势下，更需要去学习工匠精神，学习工匠精神所具有的锐意创新的精神，用创新去改变现状，用创新去激发发展潜力。

工匠精神是社会文明进步的重要尺度，是中国制造前行的精神源泉，是企业竞争发展的品牌资本，是员工个人成长的道德指引。

二、文化内涵

进入"互联网+"时代，许多领域开始大规模使用机器人，人工被替代的趋势日趋明显，但是，这并不意味着机器取代人而导致工匠精神的没落。相反，在这个科技日新月异的时代，机器人替代的是不断重复劳动的工作岗位，机器人替代不了工匠身上所具有的追求极致、精益求精的精神品格。发达国家经济发展的成功证明，科技愈是发达，愈需要工匠精神。由于每个人所处的工作岗位不同，每个人不可能都成为工匠，但是工匠所具有的精神品格却值得我们每个人学习，踏踏实实做事、认认真真做人是每个人走向社会应当铭记在心的人生守则。因此，我们不能将工匠精神单一地理解为制造业领域所特有的，而应该从更加多元的角度去理解工匠精神。

三、拓展阅读

锯子的发明

"小泥工"遇到大时代：90后"匠星"表达新生代技工期盼与梦想"

第六章 古代科技成就

本章导读

党的二十大报告中指出，我们加快推进科技自立自强，全社会研发经费支出从 1 万亿元增加到 28000 亿元，居世界第二位，研发人员总量居世界首位。科技是文化的一个重要组成部分，中国古代科技为中国优秀传统文化增添了斑斓的色彩和浓郁的芳香。当代英国著名的自然科学史学家李约瑟对中国传统科技的评价极高。中国古代的四大发明改变了世界文明的进程，除此之外，你知道中国古代还有哪些科技成就领先于当时的世界水平吗？本章将带你一起探讨。

思维导图

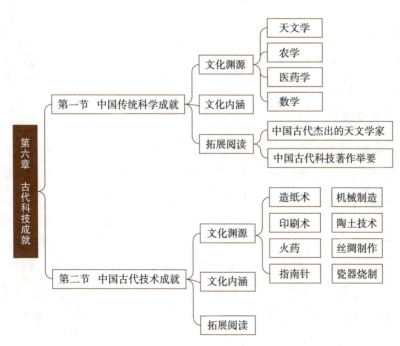

第一节　中国传统科学成就

知识目标

- ❖ 掌握中国传统科学学科成就的基础知识，了解其发展历史。
- ❖ 对比中国传统科学学科成就在中国和世界发挥的作用，分析其给人类社会发展带来的进步。

能力目标

- ❖ 具备勤于思考、持之以恒、勇于创新的能力。

素质目标

- ❖ 弘扬中华民族的伟大智慧和自强不息的民族精神，树立为祖国现代化建设、人类和平与进步事业作贡献的人生理想。
- ❖ 激发对祖国科技文化的自豪感，逐步形成对国家、民族的历史使命感和社会责任感，培养爱国主义情操。

一、文化渊源

中国古代在科学技术的各个领域都创造了辉煌的历史和卓越的成就，对整个人类文明作出了不可估量的贡献。

了不起的科技发明

（一）天文学

"豫章故郡，洪都新府。星分翼轸，地接衡庐。"这是唐代文学家王勃年轻时所著的千古名篇《滕王阁序》中的内容。其中，"星分翼轸"中的"分"指的是分野，"翼轸"指的是翼星和轸星，因此名为"翼星"。"地连衡庐"中的"衡"指湖南衡山，"庐"指江西九江庐山（古称庐陵）。中国古人根据一年四季和天上星象的方位，将我国的地域与星象一一对应，这即是"星象分野"。所谓分野，是将地面地区与天空中的星辰进行对应，通过观察天象来推测人间祸福的一种方式。《史记·天官书》记载："天而有列，地而有邦。"这一划分由二十八宿体现（表6-1）。自大禹治水以来，中华大地被划分为"九州"，后来古人又将中国各州（多于九个）划分为二十八个星座。

表 6-1　二十八宿分野

东方苍龙	角、亢、氐	房、心	尾、箕
	古兖州	古豫州	古幽州
北方玄武	斗、牛、女	虚、危	室、壁
	古扬州	古青州	古并州
西方白虎	奎、娄、胃	昴、毕	觜、参
	古徐州	古冀州	古益州
南方朱雀	井、鬼	柳、星、张	翼、轸
	古雍州	三河	古荆州

我国的天干历始于公元前 8 世纪，延续至 20 世纪初期，从未中断，是历史最悠久、最完整的历法之一。《春秋》中记录了我国从公元前 8 世纪至公元前 3 世纪的 37 次月蚀，其中 32 次被认为是可信的，堪称古代交食的最全面记录。目前已知的最早的陨星记录出现在《春秋·僖公十六年》。此外，《春秋·文公十四年》记载了哈雷彗星的出现：公元前 613 年 7 月，"有一颗彗星，射向北斗星。"在中国历史上，共有 31 次哈雷彗星的记录。早在公元前 6 世纪，我国就开始使用"十九闰月"的定闰法，比古希腊早 100 多年。春秋时期，齐国甘德所著《天文星占》与魏国石申所著《星占》，分别记录了百余个星体的位置，成为迄今为止所知最早的星图，其年代早于欧洲首份希腊伊巴谷的《伊巴谷星表》。

《太初历》（图 6-1）是公元 2 世纪初期由司马迁（图 6-2）等人编纂的，以"九九八十一"为基础，结合二十四节气，形成了中国最早、最完备的一套统一历书。《史记·天官书》不仅记录了 500 余颗星星的位置，还包括不同的色彩、云状、云速和云距等。公元前 1 世纪，西汉时期的天文学者就认识到月亮是太阳的反光。

图 6-1　太初历

图 6-2　司马迁

《汉书·天文志》详细描述了公元前 32 年 10 月 24 日发生的北极光现象,这是全球最早对北极光的准确记录。中国保存了全球最多的极地极光记录,为地球化学等方面的研究提供了宝贵的数据。《汉书·五行志》是目前已知的全球最早的太阳黑子记载。早在西汉晚期,我们就已经有了简单的地球中心观念。

在东汉时期,贾逵就明确提出了黄道与赤经之间的夹角。我国最早采用黄道坐标系来确定天文方位,并已观察到月球的运动有快有慢,测量出月球的近地点。东汉张衡(图 6-3)在《浑天仪图注》中对《尚书》作了详细记述,并在《灵宪》中测得黄道距为 24 度,对月食的理论进行了恰当说明,认为宇宙是无穷大的。

图 6-3 张衡

《周易》等经典著作在古代天文研究中发挥了重要作用。张衡发明的"水运浑天仪"以水为动力,利用精密的齿轮系统驱动,能够精确地测量天文运动,是近代天文仪器的前身。这是一项重大发明,是古代重要的天文器具。水运浑天仪与欧洲历史上最古老的机械钟相似,后者直到 12 世纪才出现。关于超新星爆炸的第一次记录也见于《后汉书·天文志》。

《景初历》由三国时期的官员杨伟制定,他使用新方法计算日食和月食的角度。4 世纪,虞喜首次提出岁差,并将其确立为 50 年移动 1 度的周期。在南朝宋齐时期,祖冲之(图 6-4)在《大明历》中首次将岁差计入历法,规定一年为 365.2428 天,一个交点月为 27.21223 天(现代数据为 365.2422 天及 27.21222 天)。祖冲之在历法方面做出了许多创新,《大明历》是那个时代最优秀的日历之一。6 世纪,南朝梁的祖宾流表明南极星距离北极约 1 度以上。

在 6 世纪,张子信在一座岛屿上观察天文 30 年,发现太阳的自转速度在一年中有快有慢,对太阳运动的速度变化有了较好的认识。唐代历法改革具有重大意义,通过对太阳和月亮运动规律的研究,提高了预测精度。

图 6-4 祖冲之

隋朝刘焯在编撰《皇极历》时,采用等距两度的方法,计算出 75 年误差 1 度,这与现代数据(71.6 年误差 1 度)非常接近。当时,欧洲大陆仍使用 100 年误差 1

度的资料。《皇极历》因守旧派的抵制未能实施，但唐代李淳风所修的《麟德历》是依据刘焯的历法制定的。隋朝的丹元子创作了《步天歌》，并将其写成诗歌广泛流传，影响了天文学的传播。

张遂编纂了《大衍历》，对后世的历书产生了重大影响。张遂和梁令瓒还参与修建了浑天铜仪（图6-5），这是一种利用精密装置进行天文测量的仪器，能够实时显示天气变化，是古代天文学上的卓越成果。

图 6-5　浑天铜仪

北宋时期，天文学活动达到了新的高度。元丰年间（1078—1085），黄裳的观察资料被用来绘制星空图，13世纪时雕刻成石刻《天文图》，现存于苏州市美术馆，共记录了1440颗星星，《宋会要辑稿》《瑞异》《宋史·天文志》等文献中都有记载，这些研究为我国天文学的发展奠定了坚实基础。宋代的张载（图6-6）在《正蒙·参两》一章中首次对宇宙进行了假设，主张地球是宇宙的核心，悬于空中，并且地球自转，太阳、月亮和星星相对移动。沈括在《梦溪笔谈·补笔谈》中对天文、历法、日食等方面作出了重大贡献，提出了以节气为年、以立春为新年的历法，大、小月相交无所设，十二个月为一个整体。这套历法非常符合农耕需求。

元朝的《授时历》由王恂和郭守敬编纂（图6-7），在大量天文资料的基础上进行了修正，提出了新的计算方法。《授时历》一直施行了364年，是古老而准确的历法。郭守敬等人还发明了"简仪"（在浑仪的基础上加以改进和简化），以及"仰仪"等十余件天文设备。简仪比丹麦人第谷发明的类似设备早了300多年。

图 6-6　张载

1405—1433年，明朝郑和七次远航，绘制了"航海图"，其中包括四张《跨洋牵引星图卷》，为中国古代航海天文研究提供了珍贵信息。明朝末年，邢云路测得的一次回归年长度为365.242190天（现代值为365.242193天），精确到每一天的十万分之一。清代前期颁布的《时宪历》将平气改为"定气"，这一改革延续至清朝末年。清代民间天文学者王锡阐在其13部天文专著中，提出了凌起与凌终两个位置的确定方法,并严厉批判了与现实脱节的唯心论,与国外错误观点进行了激烈争论。

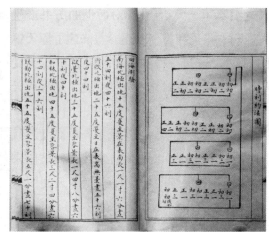

图 6-7 《授时历》

(二)农学

中国是一个以农为本的国家,古代农业科学技术取得了巨大的成就。考古发掘证明,七千多年前,中国已经出现了早期的农耕活动,长江地区主要种植稻米,黄河地区主要种植粟黍。中国古代以"五谷""六谷"为代表,包括稷、稻、麦、豆、黍等作物,后来玉米、甘薯等作物也相继由海外引进。

我国古代农业在漫长的生产过程中,发展出了精细耕作的良好传统。早在春秋时代,人们就提出了"活田勤耕,一亩三斗"(《汉书·食货志》),即充分发挥耕地的潜能,提高粮食产量。受这一习俗的影响,人们在土壤施肥、耕作等方面进行了广泛探索,并取得了很大成就。例如,汉朝实行的"代田法",通过在地里挖沟做垄,把垄上的土推入沟中,培育根系,第二年形成畦,使得"善者多一倍"的产量成为可能。此外,汉朝的"疏",即用骨头、雪汁、蚕粪和羊粪等混合物浸泡种子,也取得了显著效果。宋代提出的"土性常新说",强调了"土肥恒新"的观点。

与农业发展密切相关的是生产机械和水利设施的建设。中国古代农耕机械的生产技术已达到了很高的水平。早在原始时代就有木犁和锄,春秋时代已有水利用的绞盘,战国时期出现了牛、铁犁头,汉代则有了较为发达的水利机械——龙骨水车。农业科技进步推动了农业机械的发展,到宋元时期,农业机械已走在世界前列。然而,封建时代的小农经济制约了现代农机生产,与欧美国家相比出现了明显的滞后。

我国历史上的水利设施数量众多,规模巨大,效益显著,堪称全球之冠。"芍陂"工程始建于公元前 597 年,是中国历史上最大规模的拦洪工程。都江堰始建于公元前3世纪，以其独特的防洪、灌溉和航运功能闻名于世，包括三大要素：分水鱼嘴（图6-8）、飞沙堰（图6-9）和宝瓶口，使川西南部成为"人不缺水，无饥馑"的"天府之国"。此外，还有"漳水十二渠"和"郑国渠"等水利设施。自秦汉以来，各地纷纷兴建各种水利设施，极大推动了农业的发展。

图6-8 分水鱼嘴

图6-9 飞沙堰

汉朝氾胜之所著的《氾胜之书》，是我国最早的一部农业著作，对北方农业进行了全面的概述。北魏贾思勰在《齐民要术》（图6-10）中详细叙述了农作物的栽培技术、树木的种植技术、家禽家畜养殖技术及农产品的处理与贮藏，是我国现存最早、最完整的古代农业书籍。唐朝陆龟蒙所著的《耒耜经》，详细描述了普通农业工具；宋代陈敷撰写的《农书》，是我国最早对华南地区稻作综合研究的专著；元朝时期，《农桑辑要》所载内容较《齐民要术》更为先进；王祯撰写的《王祯农书》注重地理气候，并绘制了农业器具图册；明朝徐光启编纂的《农政全书》则是我国古代农业科学中关键的"承上启下"之作。

《农桑辑要》《王祯农书》和《农政全书》则集中反映了中国古代不同历史阶段的农业生产实践，体现了各个时代的农业发展水平。他们继承了《齐民要术》的精髓，还在技术细节方面有了进一步的创新。这些著作为后世提供了宝贵的农业知识及实践经验，推动了我国农业的持续发展。

图6-10 《齐民要术》

（三）医药学

中医在世界医药宝库中独树一帜，几千年来，中医对历代百姓的身体及精神健康作出了巨大的贡献。现在中医已成为一门常规科目，凭借其独特的姿态，仍在当今世界中占据着不可替代的位置。

中医药的理论体系完备，内容丰富。《黄帝内经》，写于春秋战国时代，是我国最早的一部医学经典（图6-11），原版共18册，由《素问》和《针经》两部共九册组成（唐代后改名为《灵枢经》）。《黄帝内经》以阴阳五行、藏象、经络、形神学、天人合一等为主要内容，为中医学的发展指明了方向。

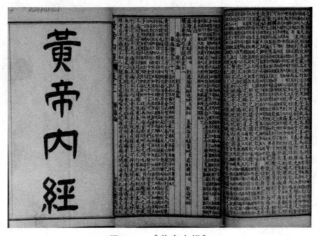

图6-11 《黄帝内经》

中国传统医学认为，人体是一个由内至外、由上至下的有机整体。当某个部位出现问题时，会波及全身或其他器官，同时也会影响局部的病理变化。特定的外界条件，如四季更替、地理水土、社会生活和思想心态等，对人体的生理和心理都有直接影响，因而导致身体病变的最重要因素是阴阳失调。中医的诊断方法包括望、闻、问、切四诊，通过四诊法可以判断出体内的寒热虚实，确定疾病的严重程度，收集患者的疾病信息，掌握患者的气血情况，从而制定相应的治疗方案。中医强调从整体上把握病情，以病论治。

现代西医在人类生理学和病理学研究上取得了重大成就，但在整体性和系统性方面相比中医还有很大差距。西方医学建立在现代科学基础上，将人体看作一台机器，把各种复杂的生理过程简化为机械运动。世界卫生组织通过的《宪章》承认身体、精神和社交方面的健康，这确立了当前国际上普遍接受的"生物—心理—社会"医学模式。而《黄帝内经》早已对这一理念进行了系统阐述，并在历代医家中形成了完整、系统的理论体系。

我国目前拥有将近8000部中药典籍，数量之多，堪称全球之最。在诊断学、内科、外科、儿科和针灸等方面均有显著发展。东汉张仲景著有《伤寒杂病论》（图6-12），其理、法、方、药集于一体，是中医的第一部综合性著作，首创"四诊""六经辨证""八纲辨证"等理论方法，为中医治疗提供了理论依据。该书首次记录了急救人工呼吸、药物灌肠和治疗胆道蛔虫的方法，比国际上的记录要早得多。作为中医方书之祖，承袭该书所著的《金匮要略》（图 6-13）和《伤寒论》，以及《黄帝内经》《神农本草》一起被誉为中医学"四大经典"。

图 6-12 《伤寒杂病论》

图 6-13 《金匮要略》

"把脉"是传统中医的一大特色，从春秋时代的扁鹊开始就已应用于临床。最早的脉学专著是西晋御医王叔和所写的《脉经》，记载了 24 种脉法。中药麻醉剂的运用也有悠久历史，如扁鹊创造的"药酒麻醉"和华佗创造的"麻沸散"。在战国时代，针灸治疗与经脉理论盛行，成为现代医药界瞩目的独特药方。最古老的《针灸》一书由东晋皇甫谧根据历代医家著作编纂而成，《针灸甲乙经》（图 6-14）也被列入当今世界针灸协会的名录，成为必读参考资料。宋代已有最早的针刺青铜人，由医官王惟一发明，目前全世界的医生都在参照该配方进行治疗。

针灸和艾灸擅长治疗内、外、妇、儿及五官科各种疾病，效果迅速显著，操作简单，成本低廉，无副作用或仅有轻微不良反应，且可与其他方法联合使用，因其效果显著，现已被世界卫生组织认可。

与中医药关系密切的中药学也取得了令人瞩目的成绩。我国最早的一本药学专著是《神农本草经》（图 6-15），共载 365 种药材，其中包括各种药材的主治疾病、药性、产地及采集情况等。659 年，唐朝廷命苏敬等人编纂并颁布了《新修本草》，收录了九大科、844 种药物，这是中国历史上最早的也是最完整的一本药典，比意大利《佛罗伦萨药典》（1498 年出版）早 839 年。此书完成后，日本人在

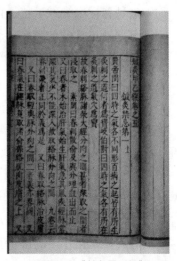

图 6-14 《针灸甲乙经》

中国留学时将其带回日本,并被日本官方列入医学专业的必修教材。

我国古代药学史上最辉煌的成果是1578年李时珍所著的《本草纲目》(图6-16),收录药品1892种,处方11096个,图片1162张,内容涵盖动植物、矿物、化学、地质、农业、天文、地理等诸多学科,对16世纪之前中国医药发展有重要意义,并在国际上也产生了深远影响。1647年,这本书第一次被翻译成拉丁语,后来被翻译成日、英、德、俄等多种语言,英文译本超过十种,传播到全球各地,被称为"东方医经",达尔文称其为"中国古代的百科全书"。

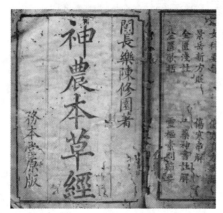 

图6-15 《神农本草经》　　　　　　　　图6-16 《本草纲目》

由于古人认知层次及思想观念的局限,中医药对人体生理、病理及治疗等方面的研究,与西医大异其趣。中医以"阴阳五行"等宏观、抽象的观念阐释人体的生理病理现象,区别于现代科研方法。传统中医药学说具有浓厚的自然哲理色彩,但总归缺乏实证的经验。虽然中医诊疗过程中,表面上看似相同的疾病,但更注重每个病人的个体差异,因此用药和用量常常不同,具有很强的针对性和灵活性。然而,这种弹性也导致了普适性的问题。

虽然缺乏普遍的可操作性,但它强调以人为本,注重个体差异,从了解病人的生活环境到认识病体的生理、病理,以及诊断、治疗上的理论都环环相扣。中医取类比象、执简驭繁的说理方法,强调人要顺应自然的思想,协调平衡的养生与治疗观点,至今仍闪耀着中华民族智慧的光芒。

(四)数学

从新石器时代末期开始发展起来的十进位制,在商周两代已经广泛采用,而在春秋战国时期更是运用得相当娴熟。之后,随着文明的交流,该方法被介绍到印度、阿拉伯、欧洲,最终发展成为当今国际上通行的阿拉伯数字系统。十进位制是中国对人类文化作出的巨大贡献。李约瑟曾经说过:"没有十进位制系统,我们今天所看到的大同的地球将不复存在。"

在我国历史上，广大劳动群众在长期的生产生活中，发明了一种简单的算术工具，即算筹。在春秋战国时代，人们已经总结出了小数概念、整数四则运算和九九乘法表。在这个时期，劳动者在生产农具、车辆和武器的实际操作中，已经形成了角的概念。《墨经》一书中，已有了点、线、面、方、圆等几何概念；《周髀算经》（图6-17）是一部公元前1世纪完成的著作，是当今世界上最古老的关于天体和算术的著作，作品归纳了我国古代天文中运用的一些数学知识，主要内容包括直角三角形的毕达哥拉斯定理与复分式的运用。

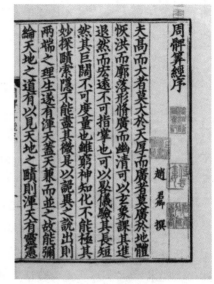

图6-17 《周髀算经》

《九章算术》大约在东汉时期完成（图6-18），是一部极为优秀的数学著作，其内容包括246道数学题和解答，涵盖了初等数学和代数、几何等领域。其中记录了一元一次方程解法、正负数加减法、开平方和开立方及一维非二次方程的求解方法，开世界之先。《九章算术》为我国古代劳动群众在长期生产生活中积累的数学知识提供了系统总结，也是我国古代数学发展的基石。

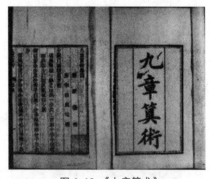

图6-18 《九章算术》

《九章算术注》是三国时期魏人刘徽所作。他指出以前的π值逼近过于粗糙，并在《方田》一篇中利用"割圆术"将一个圆形转化为一个无穷小的圆形区域，以此来进行π的精确计算。这种"割圆术"是极限思维的具体表现。唐朝之后，《重差》被单独编成《海岛算经》，系统归纳了我国历代工匠的测算方法。4～5世纪出版的《孙子算经》（图6-19）对"事物的数量"进行了探讨。经过宋代秦九韶的发展，形成了《一元同余论》，为剩余定理奠定了基础，而德国数学家高斯直至19世纪初期才提出了这一理论。

祖冲之在5世纪计算出了圆周率在3.1415926和3.1415927之间，精确到小数点后七位。他也以分数形式给出了圆周率的最佳近似值：355/113和22/7，这一成果在1000以内是最精确的。直到16世纪，德国和荷兰的

图6-19 《孙子算经》

数学家才得出了与祖冲之相同的结论。

隋朝刘焯编纂的《皇极历》是全球最早的一部历法，是数学历史上的一大发明；唐朝王孝通的《缉古算经》解答了大量土工作业问题，尤其是程氏三次等式的根解法；李淳风等人编撰的《周髀算经》《九章算术》《海岛算经》等十种算学专著，被称为"算经十书"，对研究中国古典数学史具有重要意义。

贾宪在《黄帝九章算法细草》中创立了"增乘开方法"，这是一种比英国人霍纳在19世纪推导出来的方法更早的计算高阶幂数的方法，贾宪还列举了一个关于二次函数的系数表格，类似于欧洲直到17世纪才发现的巴斯加三角。沈括在《梦溪笔谈》中，通过实际生产问题如"酒家积罂"数目和"层坛"容积，首次提出"隙积术"，研究高次等差数列的总和，并建立了相应的数学表达式。他还提出了"会圆术"，并推导出计算弧长的公式，用于分析军粮供应与部队前进与撤退之间的联系。

宋代秦九韶在《数书九章》（图6-20）中，将乘法扩展，详细阐述了计算公式，并列出了20余种实际应用问题，涵盖十阶以内的计算。意大利人菲尔洛直到16世纪才在欧洲首次推导出三次函数的求解公式。李冶的《测圆海镜》是第一部系统论述"天元术"的专著，成为数学发展史上的一大成就。

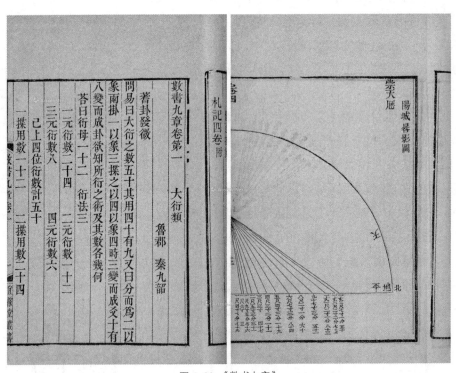

图6-20 《数书九章》

在元朝，王恂和郭守敬编写《授时历》时，列举了三倍差插值的计算方法，并提出了一种新的简便实用的方法。郭守敬还利用几何学手段，得到了与现今球面三角形相同的两个方程。元朝朱世杰在《四元玉鉴》中将"天元术"扩展成四元高阶联立方程的"四元术",并给出了消除元数的方法。他进一步研究了每一种有限项列的加和法,并由此推导出了一种基于高阶差分的插值方法。并且,早在14世纪,我国就开始使用珠算盘。近代计算机问世前,珠算盘是当时世界上最简单、效率最高的运算工具之一。

明朝吴敬在《九章算法比类大全》中首次记录了"珠"字词,程大位所著的《直指算法统宗》则是一部在珠算方面广为传播的著作。徐光启等人先后翻译并引介了欧几里得的《几何原本》,李之藻又对《同文算指》进行了译介,从而引入了欧洲的数学知识。清朝梅毂成等人编纂的《数理精蕴》共53册,是一部融合中西学术与中国古典算学成果的巨著,在数学史上具有重要地位。明安图主编的《割圆密率捷法》对解析计算公式进行了进一步的论证与扩展,同时,他还运用几何学研究了三角形展开问题。18世纪,戴震对《周髀算经》和《九章算术》进行校订,为我国传统数学史作出了重要贡献。

二、文化内涵

中国首先是一个注重实际的民族,中国历史上的科学形态属实用型而非理论型,注重实用效果,充满务实精神。科学研究的主要动因不是为了对自然奥秘的探索,而是为了满足国计民生的实际需要,天文学、农学、医药学、数学等诸学科得到长足的发展,是因为这些学科与生产生活和国家事务密切联系。我们可以肯定,未来的科学文化将是东西文化互补、融合、升华的新文化。中国传统思想中落后的、消极的、甚至是错误的,我们必须加以克服和批判;中国传统科学思想中具有珍贵价值的,我们必须很好地加以挖掘和弘扬。我们坚信中国传统科学文化的精华将在21世纪新的科学文化发展中重放绚丽而夺目的光彩。

三、拓展阅读

第二节 中国古代技术成就

知识目标

❖ 掌握中国古代技术成就的基础知识，了解其发展历史。
❖ 对比中国古代技术成就在中国和西方发挥的作用，分析其给人类社会发展带来的进步。

能力目标

❖ 能够充分利用图书馆、博物馆、互联网等资源，收集和处理资料信息以及获得新知识。

素质目标

❖ 弘扬中华民族的伟大智慧和自强不息的民族精神，树立为祖国现代化建设、人类和平与进步事业作贡献的人生理想。
❖ 激发对祖国科技文化的自豪感，逐步形成对国家、民族的历史使命感和社会责任感，培养爱国主义情操。

一、文化渊源

造纸、印刷术、火药、指南针，这四大发明是中华民族奉献给人类文明并改变整个世界历史进程的伟大技术成就，反映了中国人民伟大的创造力。此外，在机械、纺织、陶瓷等各个领域的成就也非常显著。

（一）造纸术

纸张的出现标志着人们书写方式的变革。在纸张出现之前，人类用文字进行沟通和传递，仅限于各种原始、粗糙的文字载体。例如，苏美人的黏土、迦勒底的砖刻、埃及的莎草纸、古老印第安人的贝多叶和柏加曼人的羊皮卷。在我国，早在商朝，人们就开始使用龟甲、兽骨和石头记录信息，到了春秋时期开始使用竹简、木牍和丝绸。然而，这些材料有的体积大，有的价格高，有的难以操作，并不适合广泛使用。

1957 年，在西安灞桥发现了一件西汉前期的文物，被人们称为"灞桥纸"（图 6-21），这是目前发现的最早的植物纤维纸张。这种纸张是用麻类和少量朱麻纤维制成的，虽然未经过精细加工，质量简陋，但已初具纸张雏形。105年，东汉太监蔡伦对造纸工艺进行了重要革新，使用树皮、麻头、破布和鱼网作为原材料，不仅增加了原料来源，降低了成本，还极大地改善了纸张质量（图6-22）。这种改进使得纸张迅速取代了竹简，成为主要的书写材料，因此蔡伦被后人誉为"纸祖"。

图6-21 灞桥纸

4世纪时，造纸术传入朝鲜，然后传到西亚的马尔罕，最终在12世纪传到欧洲。16世纪时，纸张在欧洲广泛流传。18世纪以前，中国的造纸工艺一直被全世界采用。纸张对西方文化发展的作用是巨大的，比如在中世纪欧洲印刷一部《圣经》，需要用300多块羊皮，这使得教育资源非常稀缺，只有富人能够接受教育。因

图6-22 汉代造纸工艺流程

此，造纸术的发明和普及对于当时的教育、政治和商业等各方面的发展起到了重要作用。正如德克斯巴德所说，"世人从蔡侯那里得到的好处超过了那些有名的人的好处。"

（二）印刷术

在印刷技术出现以前，人类传递文化知识的主要方式是手抄书籍，这种方法既耗时又容易出错。为了提高效率，防止抄写错误，晋代借用了古人的印章和石刻方法，先在石碑上刻字，再加油墨，最后用纸张拓印，这就是最初的墨拓方法。然而，墨拓具有极大的局限性，既耗时又耗力，且不易保存。隋朝利用这种方法，发展出了雕版印刷。

雕版印刷（图6-23）是将字刻在木板上，其制作方法远较于石刻更加便利，且保存、印制更加方便，因此缓解了当时社会对于版画的需求。尽管雕刻印刷是一项重要的技术进

图6-23 雕版

步,但它仍需要耗费大量的人力,制作周期较长,存储版画也需要大量空间。印刷数量少而不再版的书籍,印刷后很快变成废品,造成了人力、物力和时间上的浪费。

在北宋初期,毕升发明了"活字印刷",彻底改变了传统雕版印刷的弊端。毕升用胶泥刻出一个个汉字(图6-24),然后经高温烘烤后,才能用于印刷。这种方法极大地节约了刻工,减少了印刷时间,既方便又经济。它比德国古登堡的铅字印刷早约400年,是印刷史上的另一重大技术变革。元朝时,王祯在毕升的基础上创造出"以字就人"的"圆板"(图6-25),大大提高了生产速度,减少了工人的劳动负担。随后,锡活字、铜活字等金属活字也相继问世。

图6-24 用胶泥刻字

图6-25 转轮排字盘

印刷术在8世纪左右传入朝鲜,随后通过日本和其他地区,通过丝绸之路传播到伊朗和阿拉伯,最终传入欧洲。欧洲印刷技术的产生,对西方社会产生了巨大的影响和推动作用。正如恩格斯所说,"印刷术在经济发展的需求下,不仅打破了只能由修道士阅读和书写的限制,还改变了只能由僧侣享受的待遇,从而推动了科学的传播。"从那以后,科学的中心从修道院转移到了各个学院,这种变革极大地促进了欧洲的文艺复兴和科学革命,加速了资本主义的崛起。

(三)火药

早在商周时期,我们的先人就已经在冶金中广泛使用木炭,春秋战国时期人们又认识了硝石和硫黄的性能。炼丹家们经过长期的实践逐步了解到,点燃一定比例的硝石、硫黄、木炭的混合物,在一定条件下就具备了火药的特性,会产生异常激烈的燃烧和爆炸等现象。最早在唐代,就发现了火药(图6-26)。

图 6-26 火药

《诸家神品丹法》记载了唐代孙思邈所说的"伏硫黄法",详细描述了将硫磺、硝石与炭粉相结合,炼制新的炸药的方法。书中提到,在操作过程中,将装有药品的罐子放在坑内,并用泥土覆盖四周,这样可以防止炸药爆炸时伤及无辜。唐代后期的《真元妙道要略》中也记录了一起炸药爆炸事件,显示出唐朝人对炸药制作和特性的初步了解。自北宋以来,黑火药开始被广泛应用于战争,产生了大量的火药兵器。1044年,曾公亮在《武经总要》中列出了与欧洲黑火药相近的配方,此后铜炮、铁炮等火药兵器相继出现。这一革新标志着兵器历史的一次重大变革,掀开了兵器发展的新篇章。我国的火药生产工艺在1225年至1248年间传入印度,随后传入阿拉伯,再传到欧洲。直到14世纪中叶,英法等国家才逐步掌握了这一工艺。这一技术传播极大地影响了世界军事科技的发展,改变了战争的面貌,推动了历史的进程。

(四)指南针

指南针是把人类无力感知的地磁信息转换为视觉可见的空间形式的一项伟大的创举,它的发明和应用是我国人民对人类文明的重大贡献。

虽然指南针产生于宋代,但指南针的前身"司南"(图6-27)早在战国时就被发明了。据《韩非子·有度》篇记载,"先王立司南以端朝夕",意思是说先王以天然磁石制成磁勺——司南,用以指示方向。汉代王充在《论衡·是应篇》中也谈到了指南勺。指南勺是以磁石磨制而成的勺状物,底部圆滑,若把它放在铜制的刻有方位的圆盘上,勺柄

图 6-27 司南

就会自动指向南方。这是世界上最早的指南针。司南虽已发明，但天然磁石在雕琢时容易因打击、受热而失磁，所以司南的磁性较弱，又加上转动时阻力较大，所以难以达到预期的指南效果。

由于司南勺费时费力且不实用，于是人们经过长期实践和反复实验，到宋代，终于掌握了人工磁化的方法，这样更高级实用的指南针就登场了。宋代沈括在《梦溪笔谈》（图6-28）中详细记载了当时四种不同的装置方法，即水浮法、缕悬法、指爪法和碗唇法。沈括在其著作中还记载了地磁偏角，这是世界上关于地磁偏角的最早记载。

图6-28　沈括与《梦溪笔谈》

最迟在北宋末年，中国人已将指南针应用于航海。由于宋朝时期我国与阿拉伯地区海上往来频繁，所以指南针很快传入阿拉伯地区，1180年左右，指南针从阿拉伯人那里又传到欧洲人手中，欧洲关于指南针的记载最早见于1190年。指南针的发明和应用是世界航海史上划时代的事件，它使人类获得了全天候远洋航行的能力。由此，人类第一次获得了在茫茫大海上航行的自由。此后，许多新航线陆续被开辟，航程缩短，加速了航运的发展，促进了各国人民之间的文化交流与贸易往来。

（五）机械制造

1. 齿轮制造

我国是最早制造并使用齿轮的国家，早在2400多年前的战国时期就有使用齿轮的记载，比欧洲早了100年左右。到秦朝时，就已经有青铜齿轮出现了。而到了东汉时期，齿轮（图6-29）的制作工艺和应用，也要更加复杂和普遍。晋朝时期，齿轮就已经被作为水轮的动力系统，用来推动石磨了。

图6-29　汉代齿轮

2. 轴承制造

中国是最早发明轴承的国家，早在4000多年前的夏商时期中国就有了车（图6-30），并开始使用滑动轴承，比欧洲最早出现的轴承早2400多年。周朝时期发明了利用动物油润滑轴承的技术，战国时期在车上应用了金属轴瓦，并出现了木材与金属组合而成的滑动轴承。在汉代古墓的壁画上可以看到利用轴承原理制造的纺车，纺车的轴承很简单，圆圆的木轴就在支架的圆孔中转动，由于轴与轴承间是滑动摩擦，人摇起来比较费力，还会发出吱吱呀呀的声响。元朝时期科学家郭守敬发明了回转支承（转盘轴承）技术。清朝时期制造出了具有现代轴承结构的圆柱滚子轴承。

图 6-30　商代战车

3. 青铜器铸造

我国在青铜铸造方面一直走在世界前列。青铜器的产生与发展经历了漫长的历史进程。现存最古老的青铜器是一把青铜短剑，出土于甘肃东乡马家窑，年代在 4800 多年前。经过对其材质的鉴定，确定为锡青铜铸造。考古发现证明，我国新石器晚期至夏朝时期，就已经能够使用石范、陶范等材料制作简单的器具。商朝初期的青铜礼器以大量的陶范、泥范为核心，少数厚度只有 2 毫米，其铸造工艺已经达到相当高的水平。商朝中期时，我国就已经使用两种金属，即锡青铜和铅青铜铸造出重量超过 800 公斤的大型铜器。其中，后母戊鼎（图 6-31）为全球最大的青铜器，堪称国宝；四羊方尊（图 6-32）则是商朝时期最杰出的作品之一。四羊方尊边长 52.4 厘米，高 58.3 厘米，重 34.5 公斤。其设计独特，四角雕刻着四只卷曲的山羊，羊头和脖子从器皿里探出，羊体和羊脚贴在尊腹和圈脚上；肩部雕刻着蛇形的龙爪，在雕像的四个角落，从雕像表面伸出一对龙头，延伸到雕像的中央。这尊四羊方尊一次成型，工艺精湛，被誉为"最完美的青铜器"，是最珍贵的文物之一。这种高超的铸造工艺和艺术水平，展示了古代中国青铜铸造技术的辉煌成就，对后世的铸造工艺产生了深远的影响，充分体现了古代劳动人民的智慧与创造力。

图 6-31　后母戊鼎

图 6-32　四羊方尊

青铜的出现解决了纯铜较软的缺点，使其在古代器具制造中占据重要地位。青铜对车、船、雕刻、金属加工等生产工艺以及农业、军事和经济社会的发展起到了重要作用。青铜礼器的使用，反映了那个时期的科学技术与艺术水准。

4. 锻造技术

中国是世界上最早掌握锻造技术的国家，中国的锻造技术起源于3000多年前的殷商时代，比欧洲最初的铸造工艺早了近2000年。中国的铸造工艺在春秋、战国时期得到了更大的发展，这一时期的钢铁工艺较商朝有了长足进步，主要表现在铸造钢铁上。钢铁是一种高强度、高回弹力的铁碳合金，通过多次加热、锻打、淬火等工序，生产工艺要求非常高。在秦汉之际，中国的铸造工艺已发展至鼎盛。这一阶段的铁制品，无论是造型还是制作工艺，都较以前更为精致，钢材的制作工艺也有了显著提高。汉代的汉剑（图6-33）是这一时期铸造工艺的杰出代表，其造型为双锋，中间宽而弯，刃锋锐利，能够破钢甲，被誉为当时最出色的武器。

图 6-33　上海博物馆展出的汉代玉装铁剑

中国的锻打工艺在魏晋南北朝阶段已日趋完善。这一时期的铁制品在造型上越来越注重兼具美观与实用性，铸造工艺也取得了新的发展，尤其是铸造过程中的降温技术，在铸造过程中，必须反复进行升温与降温，以达到材料均匀与致密的目的，从而大大提高了制品的耐用性。唐宋时期，中国的锻造技术迎来了一个新的发展时期。这个时期的铁器在设计上更加注重形式美和工艺美，其中最著名的是唐代的铁质香炉和宋代的铁质烛台。在技术方面，这个时期的锻造技术得到了进一步的改进和完善，同时钢的制造技术也得到了大幅提高，这使得锻造技术的水平达到了一个新的高峰。一项新的工艺也随之孕育而出，那就是唐横刀。由于唐代与日本之间的贸易往来频繁，加上唐代国力强盛，所以唐代并没有吝惜自己的制作方法，而是将这种武器的制作方法传到了日本，使之成为日本1000多年来一直沿用的武器。

5. 测量仪器

现代机械制造行业大量使用的精密测量工具游标卡尺是中国古人的一项伟大发明。中国历史博物馆珍藏的一件王莽时期的铜卡尺（图6-34），全长14.22厘米，由固定尺、固定卡爪、鱼形柄、导槽、导销、组合套、活动尺和活动卡爪等部分组成。活动尺正面刻五寸；固定尺正面也刻五寸，除右端一寸外，左边的四寸，每寸又刻十分。上部有一鱼形柄，中间开一导槽。两只卡爪相并，固定尺与活动尺等长，两尺刻线大体相对。卡尺的固定尺与活动尺，相当于现代游标卡尺的主尺和副尺。组合套、导销和导槽，相当于现代游标卡尺的游标架，结构是相似的。事实证明，中国游标卡尺的发明和使用至少比西方早了1700年，直至今日，卡尺大体还保持着王莽发明时的样子。中国古人的发明又一次改写了世界历史！

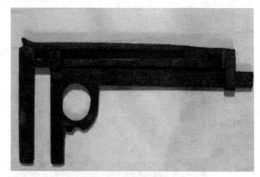

图6-34　铜卡尺

（六）丝绸制作

中国传统蚕丝质地细腻柔软，是高档服装面料的首选。中国是世界上最早使用桑蚕丝纺丝绸的国家，在古代被誉为"丝国"。尽管如今各种人造纤维被用于纺织绸制品，但中国传统蚕丝仍深受全球消费者的喜爱。

在距今6000年的浙江余姚河姆渡遗址中，出土了一只刻有"蚕"字的牙杯；山西夏县西阴村的新石器时代遗址中，发现了被利器切开的蚕茧；浙江吴兴钱山漾距今4700多年的历史遗址中，出土了大量丝绸织物和绸类织物，表明中国在新石器时期就已经掌握了丝织品制作技术。这些织物是用家蚕单丝编织而成的，经纬线每厘米达到53条和48条，显示了高超的丝织工艺。

殷商时期的甲骨文中有许多"桑""蚕""丝""帛"等文字，而殷墟的青铜器物上也常见有"丝"的痕迹。《管子》记载"桀时女子为文"，由此可见，早在夏商时代就已有纹织物的存在。西周时期，各国如郑、卫、齐、鲁、秦、楚、越等都有关于丝绸的记载。"锦"在《诗经》中多次出现，指以颜色为主的布料；周器中多有绮纹印记，有"绮"之称，指的是"绸"。春秋时期，丝织品得到进一步发展，齐鲁、陈留、襄邑等地成为丝织的集中地，而南方的楚和越的丝织业也很发达。除了丝绸，还有纱、罗等轻薄纺织品。

汉代丝织业取得了极大发展，复杂的提花机已经基本成型，除了齐鲁、中原，蜀地也是重要的生产基地，出土的丝织品种类繁多，其中马王堆的"素纱禅袍"（图6-35）最具代表性。彼时官方极为重视养蚕，设立丝织车间，并开展了与国外的丝织品交易。元封四年，汉武帝每年送给匈奴的丝绸超过500万条，甚至随手送出"彩缯千匹"。魏晋南北朝时期，尽管战争频繁，丝织品依然保持着旺盛的生命力，当时已有19个州出产绸。蜀锦声名远扬，特别是在江南地区。蚕丝在国家经济中扮演着重要角色，租税以蚕丝为业，以布为流通货币。马王堆出土的西汉素纱禅袍，仅重49克，堪称稀世珍宝。以现代科学技术，竟花了13年才仿制出来，足见中国古代丝织工艺的发达。

图6-35　马王堆素纱禅衣

（七）陶瓷烧制

中国是世界上几个历史悠久的文明古国之一，对人类社会的进步与发展作出了许多重大贡献。在陶瓷技术与艺术上所取得的成就，尤其具有特殊重要意义。在中国，制陶技艺的产生可追溯到公元前4500年至前2500年的时代，可以说，中国发展史中的一个重要组成部分是陶瓷发展史。中国人在科学技术上的成果以及对美的追求与塑造，在许多方面都是通过陶瓷制作来体现的，并形成各时代非常典型的技术与艺术特征。

早在欧洲掌握制瓷技术之前1000多年，中国已能制造出相当精美的瓷器。从中国陶瓷发展史来看，一般是把"陶瓷"这个名词一分为二，为陶和瓷两大类。通常把胎体没有致密烧结的黏土和瓷石制品，不论是有色还是白色，统称陶器。其中把烧造温度较高，烧结程度较好的那一部分称为"硬陶"，把施釉的一种称为"釉陶"。

景德镇瓷器（图6-36）以白瓷闻名，素有"白如玉，明如镜，薄如纸，声如磬"之称，品种齐全，曾达3000多种。瓷质优良，造型轻巧，装饰多样。在装饰方面有青花、釉里红、古彩、粉彩、斗彩、新彩、釉下五彩、青花玲珑等，其中尤以青花、粉彩产品为大宗，颜色釉为名产。釉色品种很多，有青、蓝、红、黄、黑等类。仅红釉系统，即有钧红、郎窑红、霁红和玫瑰紫等，均用"还原焰"烧成，产品驰名世界，是称誉世界的古代陶瓷艺术杰出代表之一。景德镇陶瓷艺术是中国文化宝库中的重要财富，也是世界陶瓷制作技术的瑰宝。

图6-36　景德镇釉彩大瓶（清）

二、文化内涵

中国古代技术成就空前辉煌，文化进步，文明灿烂，科技成果覆盖面极广，涵盖了四大发明、机械、纺织、陶艺、瓷器等各个领域，几乎全部领先欧洲国家几百年至几千年，这是中国文化的诠释、中国智慧的彰显、中国文明的力量、中国创新能力的素养，极大地推动了全世界与全人类的发展进步，中国文化与中国元素厚植到了世界各国国家，产生深远影响，为人类非物质文化遗产宝库沉淀了巨量的无价财富。学习中国古代科技成就，学习历史，激发当代大学生的民族自豪感、家国情怀与担当意识，以榜样的力量为信仰，爱党爱国，诚信敬业，坚定"四个自信"，弘扬社会主义核心价值观，践行党的二十大关于建设创新型国家的战略部署，做社会主义中国的接班人，全面升华综合素质现代化。我们可以从四方面学习其文化内涵：实事求是的科学精神、一丝不苟的敬业精神、精益求精的工匠精神、谦虚谨慎的求知精神。

三、拓展阅读

世界第八大奇迹——兵马俑

第七章

传统节日

本章导读

除了汉族传统节日，中国传统节日还包含丰富多彩的各少数民族节日。它们蕴含着讲仁爱、重民本、守诚信、崇正义、尚和合、求大同的时代价值，同时，它们能够激起我们对中华悠久历史的追忆，对民族精神的认同以及对家人、朋友、故乡的美好情感。

思维导图

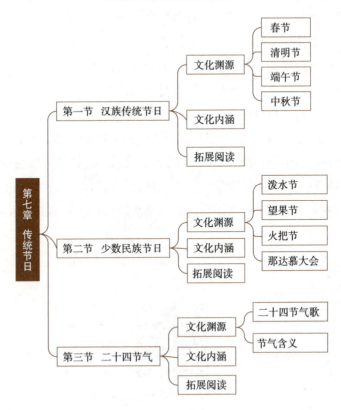

第一节　汉族传统节日

知识目标

- 了解我国汉族传统节日及其发展历史。
- 了解我国汉族传统节日的风俗与文化内涵，探究汉族传统节日的文化精髓。

能力目标

- 熟知汉族节日民俗及二十四节气。
- 开阔视野，提高传统文化素养。

素质目标

- 学习和传播中国传统文化，弘扬中国传统文化，发展中国传统文化。
- 参与传统节日活动，提高实践能力，培养责任感和自豪感，为社会服务。

一、文化渊源

传统节日的形成过程，是一个民族或国家的"历史文化长期积淀凝聚的过程"。中华传统节日多种多样，是中华民族悠久历史文化的一个组成部分。中国的节日有很强的内聚力和广泛的包容性，一到过节，举国同庆，这与我们民族源远流长的历史一脉相承，是一份宝贵的精神文化遗产。节日风俗不仅是中华民族生活文化精粹的集中展示，也是中国极其多样的风俗的代表，凝聚着中华文明的思想精华。

大部分传统节日形成于上古时代，反映的是上古社会古人崇拜自然、天人合一的人文精神。一系列的祭祀活动，蕴含着礼乐文明的深邃文化内涵。传统节日随着历史发展，承载了更加丰富的文化与内涵。所有这些，都融合凝聚在节日风俗里，使中国的节日有了深沉的历史感。这些传承至今的节日风俗，清晰地记录着中华民族"丰富而多彩的社会生活文化内容"，涉及信仰、祭祀、天文、地理、物候、术数、历法等人文与自然文化的诸多方面。

我国汉族民间的四大传统节日有春节、清明节、端午节和中秋节。

（一）春节

1. 概述

春节，是农历的起始，俗称过年，是中华民族最为盛大和重要的古老传统节日，是中华民族独有的节日。在春节期间，人民通过祈福新年的方式，展开了除旧迎新等一系列活动。如迎禧接福、拜神祭祖、贴门神、贴春联（图7-1）、贴年画、祈求丰年、燃放鞭炮、舞狮子、挂龙灯、拜年贺喜等。这些活动让春节浓郁的节日氛围活动展现，年味浓郁并热闹欢喜，是中华民族传统节日文化的精华所在。

2. 发展史

春节作为中华民族最为隆重的传统节日，具有悠久的发展历史。

先秦时期，岁时的概念开始呈现。《诗经·豳风·七月》里记录的人们收获后酿酒宰羊、把酒言欢的欢聚场景"十月获稻，为此春酒，以介眉寿""九月肃霜，十月涤场。朋酒斯飨，曰杀羔羊。跻彼公堂，称彼兕觥，万寿无疆"，就是对这一喜庆场景的记载。

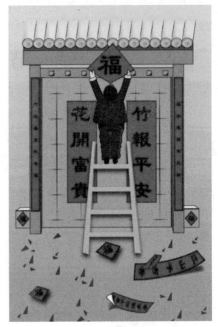

图7-1　贴春联

汉朝时期，春节中重要活动是祭祖仪式。东汉崔寔《四民月令》提到："正月之朔，是谓正旦。躬率妻孥，洁祀祖祢。"到了正月初一后，一系列的节庆活动陆续展开。

魏晋时期，除夕守岁这一习俗开始活动重视并流行。晋朝周处所著的《风土记》中记载："蜀之风俗，晚岁相与馈问，谓之馈岁。酒食相邀为别岁。至除夕，达旦不眠，谓之守岁。"

唐朝时期，开始流行登门拜年这一节庆方式，"拜年帖"在这一时期出现。唐太宗李世民用赤金箔作为贺卡，御书"普天同庆"，赐予大臣。贺卡作为拜年的方式，开始流行开来，并随着进入民间不断演化，用梅花笺纸代替了昂贵的制作材质，因此采用这一制作方式的"拜年帖"被称为"飞帖"。

宋朝时期，吃饺子这一习俗开始流行，饺子在这一时期被称为"角子"。这一时期纸包火药做成的爆竹开始出现，除夕、春节放爆竹的习俗，也是宋朝时期开始出现的。《东京梦华录》说："是夜，禁中爆竹山呼，声闻于外。"

到了明朝，接灶神、贴门神、除夕守岁、十五赏灯会都已经盛行。《万历嘉兴府志》中记载："除夕，易门神、桃符、春帖，井隈皆封。爆竹，燔紫，设酒果聚饮，锣鼓彻夜，谓之守岁。"

清朝时期，宫廷过年的方式较为烦琐和奢华，皇帝需要写下福字赐予群臣，赐福的过年方式开始在这一时期逐渐流行起来。

民国时期，政府倡导新历，传统节日在礼仪上开始出现简化，如握手、脱帽、鼓掌等新礼节开始出现。

随着中华人民共和国成立，春节法定假日的概念开始出现，对传统春节更为尊重，节日庆祝方式更为丰富。

3. 传承

2006年5月20日，春节这一民俗开始被政府批准列入国家第一批非物质文化遗产名录。春节不仅带给人们欢聚时刻，也是人们对美好生活的期望和向往。"年"是大自然季节的周期更迭，也预示着新生活的起点，人们对于春节的庆祝更是对自己生活的希望表达。

（二）清明节

1. 概述

清明节也被称为踏青节、祭祖节、三月节等，属于中华民族祭奠祖先、慎终追远、弘扬孝道的传统节日。按农历算，清明节的时间是在三月上半月，按阳历计算，节日时间在每年4月5日前后。这一时节，华夏大地气候渐暖、万物复苏，处在生机勃发的时候，也是一年中阴气衰退的开始；因此，这一时节吐故纳新，"万物至此皆洁齐而清明"，清明节也因此而得名。人们在此时多是选择郊外踏青、春游与祭祀等活动。扫墓祭祀、共同缅怀祖先，成了这一传统节日最为重要的内容，也是中华民族千百年传承下来的传统美德，更是中华民族文化的一个集中体现。

2. 发展史

秦汉时期，祭扫坟墓是社会风气。

在唐代，上自官员、下至民众，都将寒食节扫墓当成返本追宗的重要节日，由于清明节与寒食节两者时间相近，因此，扫墓也就逐渐在清明节展开。唐代诗人作品中，大多也将寒食节和清明节两者并提，如韦应物有诗句说："清明寒食好，春园百卉开。"当时，政府对清明节和寒食节进行了合并，并对假期进行了规定。这一规定至今已经有1200多年的历史，也是清明节国家法定假日的雏形。

宋元时期，扫墓活动也是集中在清明期间进行。寒食节原有的风俗活动，如冷食、荡秋千等，也在这一时期被清明节的节庆活动所影响，同时，踏青等活动也融入了清明节活动中。因此，寒食节被清明节开始代替。

明清时期，清明节依旧在人们日常生活中占据重要位置，也是春季节日活动的重要构成。

民国时期，清明节融入了植树活动，这属于时代发展下对节日的丰富。

3. 传承

清明，是二十四节气之一，也是传承悠久的传统节日。在这一天，缅怀逝去的亲人、踏青郊游等习俗是这一节日的重要特色，全国各地群众开始进行文明的扫墓祭奠活动。同时，传承、培养并弘扬家风，也是这一节日的独有特色。

（三）端午节

1. 概述

端午节是中华民族的传统节日，又称龙舟节、正阳节、端阳节、重午节、浴兰节等。端午节的重要习俗是喝雄黄酒、挂香袋、吃粽子（图7-2）、赛龙舟（图7-3）、挂艾草与菖蒲等，这些节日活动一直保留至今。端午原是月初午日的仪式，因"五"与"午"同音，两者谐音也让端午节增添深刻含义，农历五月初五遂成端午节。端午节习俗以祈福纳祥、祛厄禳灾、敬龙酬龙等形式展开。端午节的节日内容丰富，节日氛围欢快热闹，节日期间，大量的民俗活动极大地丰富了人们的文化生活，也让中华民族的人文精神获得了有效的弘扬和传递。

图7-2 粽子

图7-3 赛龙舟

2. 发展史

先秦时期，五月五日已经成为节日，已有相应的庆祝活动。但是各类庆祝活动因为区域文化差异，各有不同。

秦朝建立后，南北文化交流，在风俗习惯上获得了融合。端午节在这一背景下开始出现。在两汉时期，端午节的风俗主要是避恶。

隋唐时期，端午节对前朝的风俗形式上都有所继承。如用五色丝染炼制成日月、星辰、鸟兽等形状，并采用刺绣技法，刺文绣、金缕，也沿袭汉代名称称为长命缕、续命缕或辟兵缯（"辟兵"是防避兵灾之意）。

从性质上分析，传统的有特定意义的节日风俗活动，逐渐转变为节日娱乐活动。"恶日"已不恶，逢凶化吉，欢庆氛围开始成为节日主题。唐玄宗《端午三殿宴群臣探得神字序》中记述皇宫端午日盛况，召来儒雅臣僚，大张筵席，"广殿肃而清气生，列树深而长风至"。《文昌杂录》记载："唐岁时节物，五月五日有百索粽。"唐玄宗《端午三殿宴群臣探得神字》诗中就有"穴枕通灵气，长丝续命人。四时花竞巧，九子粽争新"。"百索粽"还是唐代皇帝赏赐臣下的食品。唐代端午龙舟竞渡也获得了极大的发展。由此可见，在唐代，端午节一直是人们文化娱乐生活的组成部分，社会风气的良性发展，让端午节的避恶风气转变为民间的娱乐节日活动。

在宋朝，端午节许多风俗又开始发生了转变。汉魏时以朱索、桃印施于门户，止恶气驱瘟避邪，而宋代却讲究贴天师符。陈元靓《岁时广记》廿一卷引《岁时杂记》云："端午，都人画天师像以卖。"还有和泥作张天师，以艾为头，以蒜为拳，置于门户上。《金史·本纪六·世宗上》就记载：大定三年（1264年）重午，金世宗"幸广乐园射柳，命皇太子、亲王、百官皆射，胜者赐物有差。上复御常武殿，赐宴击球。自是岁以为常"。金俗重午、中元（七月十五日）、重九日行拜天之礼，筑台拜天。重五拜天之后，插柳于球场，射者要以尊卑为序。射柳完毕要打马球。

明朝时期，金人射柳的风俗得到广泛认可，并在端午节期间得以开展。明永乐年间禁宫中就有剪柳之戏，剪柳即射柳。北方人还将鹁鸪鸟藏在葫芦中，悬于柳枝，弯弓射之。如果射中葫芦，鹁鸪会飞出来，用这一简单直观的方式判定胜负。这种民间比赛也常在端午节举行，考其渊源，源于辽金时期的风俗活动。明清时期，端午活动整体日趋丰富，其南方龙舟竞渡，成为轰动一时的盛举。据《武陵竞渡略》记载，龙舟竞渡已不限于端午一天，而是"四月八日揭篷打船，五日一日新船下水，五日十日十五日划船赌赛，十八日送标讫"。还有"五月十七八打船，二十七八送标者"。竞渡规模历时经月，对此事"或官府先禁后驰，民情先鼓后罢也"。

清代端午节又加入了女儿打扮的风俗，所以清代端午节也被称为女儿节。

3. 传承

端午节具有深刻的文化底蕴，也蕴含了大量中华民族历史发展沉淀下的民俗精华。2006年5月20日，端午节民俗正式经国务院批准列入第一批国家级非物质文化遗产名录。2007年12月7日，国务院第198次常务会议通过了《国务院关于修改全国年节及纪念日放假办法的决定》，正式将端午节列为国家法定假日，规定端午当日放假一天，端午节放假成了人们的生活习惯。2009年9月30日，联合国教科文组织保护非物质文化遗产政府间委员会第四次会议在阿联酋阿布扎比审议并批准了列入人类非物质文化遗产代表名录的76个项目，中国"端午节"名列其中，这是中国首个入选世界非遗的节日，意义重大。

端午节已经发展2000多年，承载了中华民族大量的历史文化传承，也包含了民族自身成长的深刻韵味，是民族精神和国家情怀的有力彰显。

（四）中秋节

1. 概述

中秋节是我国传统节日，又称仲秋节、追月节、邦月节、八月节、八月会、团圆节。农历八月在秋季之中，八月十五又在八月之中，故称中秋。中秋节是我国一个古老的节日，这一节日最早起源于祭祀月亮的活动，后来不断演变，成为人们欢庆的节日。中秋节自古便有吃月饼、赏桂花、祭月、赏月（图7-4）、邦月、饮桂花酒等风俗，人们在这一天祈求家人幸福，并以月寄情，用圆月的概念寄托团圆的含义。人们设大香案，摆上月饼、苹果、红枣、西瓜、李子、葡萄等祭品拜月，又把嫦娥奔月的典故融入这一节日中，丰富了节日文化内涵。

图7-4 赏月

2. 发展史

根据专家分析，中秋节赏月的风俗最早诞生在古代宫廷文人之中，随后逐渐流传到民间。在南朝民歌《子夜四时歌》中，其三《秋歌》描写道："仰头看明月，寄情千里光。"到了唐朝时期，中秋赏月开始流行，很多诗人的诗词中都有咏月的诗句，中秋节也在这一时期成为固定节日。传说唐玄宗梦游月宫，获得了霓裳羽衣曲。因此，唐代对于中秋节是极为推崇的。

北宋时期，八月十五被正式确定为中秋节，出现"小饼如嚼月，中有酥和饴"的节令食品，这也是月饼的最早雏形。孟元老在《东京梦华录》中提到："中秋夜，贵家结饰台榭，民间争占酒楼玩月。"

明清两朝，赏月活动盛行不衰，明代《帝京景物略》中："八月十五日祭月，其祭果饼必圆。"此外，每个家庭也要设"月光位"，并在月出方向"向月供而拜"。

3. 传承

中秋节世代相传，延续千年，不断丰富和发展。2006年5月20日，中秋节民俗经国务院批准列入首批国家级非物质文化遗产名录。自2008年起，中秋节被列为国家法定节假日。受中国文化的影响，东亚和东南亚一些国家，也将中秋节列为法定假日。月饼作为中秋节的独特食品，也随中秋节而流传下来。

二、文化内涵

中国传统节日内涵丰富，我们可以从以下五个方面加以理解：

人本精神：热爱生命、追求健康；
传统美德：敬孝祖先、尊老爱幼；
进取精神：勤劳智慧、自强不息；
爱国情怀：坚持正义、忧国忧民；
心理追求：贵和尚美、团结和睦。

三、拓展阅读

腊八节

寒食节

重阳节

第二节　少数民族节日

知识目标

- 了解我国少数民族传统节日文化及其发展历史。
- 了解少数民族传统节日的风俗与文化内涵，探究少数民族传统节日的文化精髓。

能力目标

- 熟知少数民族传统节日民俗。

❖ 能尊重各少数民族传统节日民俗习惯。

素质目标

❖ 弘扬传承少数民族传统文化，学习和传播少数民族传统文化，发展多元文化。
❖ 热爱我们统一的多民族国家，学会尊重少数民族风俗习惯。

一、文化渊源

中国一共有55个少数民族。少数民族在发展的过程中，为适应生产生活的需要而逐渐形成了特有的民族文化。随着经济水平的提高和时代的进步，民族文化不断演变，需要一定的载体以便代代传承，于是产生了少数民族节日。另外，由于少数民族有自身的特征和风俗习惯，少数民族节日带有鲜明的民族特色。

少数民族的人们大多能歌善舞，热情开朗，娱乐活动是他们尤其是青年之间进行社交的主要方式。有许多少数民族青年男女在特定的日子里，走出家门，相约出游，他们对唱山歌，抛绣球，谈情说爱，尽情欢乐，由此衍生出以青年活动为主题的节日。

古时由于生活条件有限，少数民族物资交换活动频繁，由此产生了不少独具商贸特色的节日。比如云南，是古代南方丝绸之路的主要地段，是古代中原通往东南亚、南亚的主要贸易通道之一，随着经济的发展，越来越多的人聚在这里，各地的商品不断涌入，这里的商贸活动逐渐增多，形成了各种具有节日气氛的商贸集市活动。

少数民族有着各种各样的宗教信仰，每年定期举行宗教活动，久而久之，便形成了少数民族宗教节日。随着历史的发展，这些节日除了宗教主题，还增加了文娱色彩。

我国的少数民族节日是民族集体价值观的体现，展示出特有的民族精神和民族信仰。我国各民族的节日丰富多彩，著名的有蒙古族的那达慕、傣族的泼水节、傈僳族的刀杆节、彝族的火把节、白族的三月节、哈尼族的扎勒特、藏族的酥油花灯节和望果节、景颇族的目脑纵歌、拉祜族的月亮节、苗族的花山节等。

（一）泼水节

泼水节（图7-5）源于印度，随着佛教在傣族地区影响的加深，泼水节成为一种民族习俗流传下来，已经有数百年的历史了。泼水节为傣历新年的庆祝活动，一般在阳历4月13日至15日举行，届时傣族男女老少穿上节日盛装，而妇女们则各挑一担清水为佛像洗尘，求佛灵保佑。"浴佛"完毕，人们就开始相互泼水，表示祝福，希望用圣洁的水冲走疾病和灾难，换来美好幸福的生活。泼水节的活动内容丰富，除赛龙船、放孔明灯、斗鸡、跳孔雀舞外，节日来临之时，家家还要缝新衣，买新伞，杀猪宰牛做年糕，准备丰盛的年饭，宴请亲朋好友。

图 7-5　泼水节

（二）望果节

望果节（图 7-6）是藏族人民一年一度预祝丰收的传统节日。据史籍记载，望果节已有 1500 多年的历史。"望"在藏语中为"庄稼"之意，"果"在藏语中为"转圈"之意。所谓"望果"就是"转地头"，预祝谷物丰登的一种庆典仪式，一般在秋收前择吉日举行。

图 7-6　望果节

节日当天，全村寨的藏民都郑重地换上鲜艳的节日盛装，双手擎着青稞麦穗，有的抬着用青稞麦穗扎成的"丰收塔",排成长队,走向地头田间。游行的队伍打着彩旗,举着标语,一路上敲锣打鼓,热闹非凡。人们欢声笑语,载歌载舞,绕着地头转圈庆贺,祈盼五谷丰登,吉祥如意。转完地头,欢乐的藏民便在林荫中、草坪上搭起帐篷,烧上酥油茶,三五成群地坐在"卡垫"上饮酒品茶,吃着香美的节日食品,谈笑风生。通常,各村寨还在节日期间举办赛马、射箭、赛牦牛等传统体育比赛及藏戏、踢踏舞等文艺表演。

作为藏族文化最基层的表现形式,望果节是一种不可忽视的文化现象,体现了藏民族的民族精神和民众的社会生活面貌,具有鲜明的民俗特征。

(三)火把节

火把节(图 7-7)是彝族、白族、纳西族、基诺族、拉祜族等少数民族集祈丰、祭祖以及娱乐为一体的古老的传统节日。其中,农业祈丰是其最为重要的核心内涵。它主观上采用敬天祭祖、转田、照岁、送火把等仪式,在客观上起到促进农业生产的作用,有着深厚的民俗文化内涵,被称为"东方的狂欢节"。

图 7-7 火把节

不同民族举行火把节的时间也不同,大多是在农历的六月二十五日至二十七日,主要活动有斗牛、斗羊、斗鸡、赛马、摔跤、表演歌舞等。

火把节第一天:祭火。在夜幕降临时,临近村寨的人们在老人们选定的地点搭建祭台,以传统方式击石取火,点燃圣火,并由毕摩(彝族民间祭司)诵经祭火,然后家家户户、大人小孩都会从毕摩手中接过用蒿草扎成的火把驱邪。

火把节第二天:传火。这一天,人们都聚集在祭台圣火下,举行各式各样的传统节日活动。小伙们效仿传说中的阿体拉巴（彝族神话中的英雄），赛马、摔跤、唱歌、斗牛、斗羊、斗鸡；姑娘们效仿传说中的阿诗玛（彝族传说中美好姑娘的形象），身着美丽的衣裳，撑起黄油伞，唱起"朵洛荷"，跳起达体舞；年长的老人们则按照传说中阿体拉巴勤劳勇敢、英武神俊和阿诗玛善良聪慧、美丽大方的标准，从小伙、姑娘中选出一年一度的俊男和美女。

火把节第三天：送火。这是火把节的高潮。这一天，夜幕降临时，人人都会手持火把，竞相奔走。最后，人们将手中的火把聚在一起，形成一堆堆巨大的篝火，欢乐的人们聚在篝火四周尽情地歌唱、舞蹈，场面极为壮观。

（四）那达慕大会

那达慕大会是蒙古族人民具有鲜明民族特色的传统活动，也是蒙古族人民喜爱的一种传统体育活动形式，其中以锡林郭勒盟的那达慕大会最具代表性。"慕"是蒙语的译音，意为"娱乐、游戏"，是人们为了庆祝丰收而举行的文体娱乐大会。每年农历六月初四开始的那达慕大会，是草原上一年一度的传统盛会。那达慕大会已有800多年的历史，成为蒙古族文化传统的重要载体，深受各族群众的喜爱。

那达慕大会上有惊险刺激的赛马、摔跤（图7-8），令人赞赏的射箭，争强斗胜的棋艺，引人入胜的歌舞。会上的各项活动都是力与美的显现、体能和智慧的较量、速度和耐力的比拼，比较全面地展示了在草原上生活的群众的综合素质。

图 7-8　那达慕大会上摔跤比赛

二、文化内涵

少数民族传统节日遵循、崇尚大自然运行规律，并融入了本民族的期冀和理念。少数民族节日仪式多种多样，形式丰富多彩，其文化内涵主要体现在以下四个方面：

哲学理念：灵物共融；

价值取向：崇尚和谐；

民族精神：精忠爱国；

核心心理：亲情滋养。

三、拓展阅读

赫哲族鱼皮艺术

侗族大歌

朝鲜族象帽舞

第三节　二十四节气

知识目标

❖ 了解二十四节气的划分依据，熟记二十四节气歌。
❖ 掌握二十四节气的含义和农业意义，探究二十四节气蕴含的文化精髓。

能力目标

❖ 掌握二十四节气的含义，理解季节变化的意义。

素质目标

❖ 弘扬中国古代劳动人民的伟大智慧，厚植文化自信与民族自豪感。

一、文化渊源

二十四节气，基本概括了一年中四季交替的准确时间以及大自然中一些物候等自然现象发生的规律。一年四季由"四立"开始，所谓"立"即开始的意思，立春、立夏、立秋、立冬。四季在一年中交替出现，"四立"标示着四季轮换，反映了物候、气候等多方面变化，如春生、夏长、秋收、冬藏，以及日照、降雨、气温等的变化规律。中国地域广阔，主要位于低、中纬度。低纬度一般是指地球表面南北纬度 30°间的空间范围，即 30°N 至 30°S 以内，包括热带、副热带（亚热带）两个热量带，是全球太阳辐射和热量比较集中的地带；中纬度是指南北纬 30°至 60°之间的纬度带，高、低纬度的盛行气团在这一带相互交叠，气旋活动频繁。不同的纬度地带，其气候有很大差异。中国低纬地区（南方地区），降水丰沛、光照充足、湿润、冬夏温差较小，季节转换时日照、降水等气候要素变化明显；中纬地区（北方地区）降水少、干燥、冬夏温差悬殊，季节转换时气候要素变化明显的是气温，四季温差大，气温变化分明。

（一）二十四节气歌

传统版本二十四节气歌：

> 春雨惊春清谷天，夏满芒夏暑相连。
> 秋处露秋寒霜降，冬雪雪冬小大寒。
> 每月两节不变更，最多相差一两天。
> 上半年来六廿一，下半年是八廿三。

（二）节气含义

立春，为二十四节气之首。立，是"开始"之意；春，代表着温暖、生长。立春是"四立"之一，反映着冬春季节的更替，春生夏长、秋收冬藏，立春标志着万物闭藏的冬季已过去，开始进入风和日暖、万物生长的春季。

雨水，是春季第二个节气。雨水和谷雨、小满、小雪、大雪等节气一样，都是反映降水现象的节气，是古代农耕文化对于节令的反映。雨水节气标示着降雨开始，适宜的降水对农作物的生长很重要。进入雨水节气，中国北方地区阴寒未尽，一些地方仍下雪，尚未有春天气息；南方地区大多数地方则是春意盎然，一幅早春的景象。

惊蛰是春季第三个节气，它反映的是自然生物受节律变化影响而出现萌发生长的现象。惊蛰的意思是天气回暖，春雷始鸣，惊醒蛰伏于地下冬眠的昆虫。时至惊蛰，阳气上升、气温回暖、春雷乍动、雨水增多，万物生机盎然。"惊蛰"标志着仲春卯月的开始。作为全年气温回升最快的节气，中国北方大部分地区平均气温已升至 0℃以上。南方沿江江南地区为 8℃以上，而西南和华南已达 10℃以上，早已是一派融融春光了，日照时数也有了明显的增加。

春分的意义，一是指一天时间白天黑夜平分，各为十二小时；二是春分正当春季（立春至立夏）三个月之中，平分了春季。春分在天文学上有重要意义，南北半球昼夜平分，自这天以后太阳直射位置继续由赤道向北半球推移，北半球各地白昼开始长于黑夜。春分在气候上也有比较明显的特征,这时节天气暖和、雨水充沛、阳光明媚。

清明是气清景明的意思。它是反映自然界物候变化的节气,这个时节阳光明媚、草木萌动、气清景明、万物皆显,自然界呈现生机勃勃的景象。时至清明,在中国南方地区已气候清爽温暖,大地呈现春和景明之象;在北方地区也开始断雪,渐渐进入阳光明媚的春天。

谷雨是春季的最后一个节气。谷雨是"雨生百谷"的意思,此时降水明显增加,田中的秧苗初插、作物新种,最需要雨水的滋润,正所谓"春雨贵如油"。降雨量充足而及时,谷类作物能茁壮成长。

立夏是夏季的第一个节气,表示盛夏时节的正式开始。斗指东南,维为立夏,万物至此皆长大,故名立夏也。立夏,表示告别春天,是夏天的开始,标志着逐渐升温、炎暑将临,雷雨增多,这是农作物进入旺季生长的一个重要节气。

小满是夏季的第二个节气。小满节气意味着进入了大幅降水的雨季,雨水开始增多,往往会出现持续大范围的强降水。小满和雨水、谷雨、小雪、大雪等一样,都是直接反映降水的节气。小满反映了降雨量大的气候特征:"小满小满,江河渐满。"另有解释是指北方麦类等夏熟作物的籽粒开始灌浆,只是小满,还未完全饱满。

芒种,是夏季的第三个节气。"芒"指一些有芒的作物,如稻、黍、稷等;"种",一为种子的"种",一为播种的"种"。芒种的含义是:"有芒之谷类作物可种,过此即失效。"芒种时节气温显著升高,雨量充沛,是适宜晚稻等谷类作物耕播的节令,它是古代农耕文化对于节令的反映。

夏至,是夏季的第四个节气。这天太阳直射地面的位置到达一年的最北端,几乎直射北回归线,此时,北半球各地的白昼时间达到全年最长。对于北回归线及其以北的地区来说,夏至日也是一年中正午太阳高度最高的一天,这天北半球得到的太阳辐射最多,比南半球多了将近一倍。

小暑,是夏季的第五个节气,表示盛夏正式开始。暑,表示炎热的意思,小暑为小热,还不十分热,意指天气开始炎热,但还没到最热。小暑开始进入伏天,天气变化无常。中国多地自小暑起进入雷暴最多的时节。季风气候是中国气候的主要特点,夏季受来自海洋暖湿气流的影响,多地高温潮湿多雨。这个时节虽然阳光猛烈、高温潮湿多雨,但对于农作物来讲,雨热同期有利于成长。

大暑,指炎热之极。大暑是一年中最热的节气,这时正值中伏前后,"湿热交蒸"在此时到达顶点。这个时节阳光猛烈、高温潮湿多雨,虽不免有湿热难熬之苦,却十分有利于农作物成长,农作物在此期间成长最快。大暑气候特征:高温酷热、雷暴频繁、台风。

立秋，表示自此进入了秋季。它是阳气渐收、阴气渐长，由阳盛逐渐转变为阴盛的节点。立秋也意味着降水、湿度等，处于一年中的转折点，趋于下降或减少。在自然界，万物开始从繁茂成长趋向萧索成熟。

处暑，即为"出暑"，是炎热离开的意思。时至处暑，太阳直射点继续南移、太阳辐射减弱，副热带高压也向南撤退，气温逐渐下降，暑气渐消。处暑意味着酷热难熬的天气到了尾声，这期间天气虽热，但已是呈下降趋势。处暑在日常生活中起到的意义，就是提醒人们暑气渐渐消退，天气由炎热向凉爽过渡，要注意预防"秋燥"。

白露，是反映自然界寒气增长的重要节气。由于天气逐渐转凉，白昼有阳光尚热，但太阳一落山气温便很快下降，昼夜温差拉大。时至白露，夏季风逐渐为冬季风所代替，冷空气转守为攻，加上太阳直射点南移，北半球日照时间变短，光照强度减弱，地面辐射散热快，所以温度下降速度也逐渐加快。初秋残留的暑气逐渐消散，昼夜热冷交替，寒生露凝。古人以四时配五行，秋属金，金色白，以白形容秋露，故名"白露"。

秋分的"分"即为"平分""半"的意思，秋分这天太阳光几乎直射地球赤道，全球各地昼夜等长。秋分过后，太阳直射点继续由赤道向南半球推移，北半球各地开始昼短夜长，即一天之内白昼开始短于黑夜；南半球相反。秋分后太阳直射的位置移至南半球，北半球得到的太阳辐射越来越少，地面散失的热量却较多，气温降低的速度明显加快。时至秋分，暑热已消，天气转凉，暑凉相分。

寒露，是一个反映气候变化特征的节气。进入寒露，时有冷空气南下，昼夜温差较大，并且秋燥明显。古人将寒露作为寒气渐生的表征。寒露以后，北方冷空气已有一定势力，中国大部分地区在冷高压控制之下，雨季结束。

霜降节气反映的是气温骤降、昼夜温差变化大、秋燥明显的气候特征。霜降节气特点是早晚天气较冷、中午则比较热，昼夜温差大。就全国平均而言，霜降是一年之中昼夜温差最大的时节。由于"霜"是天冷、昼夜温差变化大的表现，故以"霜降"命名这个表示"气温骤降、昼夜温差大"的时节。霜降节气后，深秋景象明显，冷空气南下越来越频繁。

立冬是季节类节气，表示自此进入了冬季。立，建始也；冬，终也，万物收藏也。立冬，意味着生气开始闭蓄，万物进入休养、收藏状态。其气候也由秋季少雨干燥渐渐向阴雨寒冻的冬季气候转变。立冬后日照时间将继续缩短，正午太阳高度继续降低。冬季普遍盛行东北风和北风，气温逐渐下降，由于地表贮存的热量还有一定的能量，所以一般初冬时期还不是很冷。

小雪是冬季第二个节气，气候要素包括光照、气温和降水等，小雪是反映降水与气温的节气，它是寒潮和强冷空气活动频数较高的节气。小雪节气的到来，意味着天气会越来越冷、降水量渐增。"雪"是水汽遇冷的产物，代表寒冷与降水，这时节的气候寒未深且降水未大，故用"小雪"来比喻这时节的气候特征。"小雪"是个比喻，反映的是这个节气期间寒流活跃、降水渐增，不是表示这个节气下很小量的雪。

大雪节气是干支历子月的起始，标志着仲冬时节正式开始。大雪节气是一个气候概念，气候要素主要有光照、气温和降水等，它代表的是大雪节气期间的气候特征，即气温与降水量。大雪节气的特点是气温显著下降、降水量增多。大雪节气与小雪节气一样，都是反映气温与降水变化趋势的节气，它是古代农耕文化对于节令的反映。

冬至是反映太阳光直射运动的节气，它是"日行南至、往北复返"的转折点，对于北半球各地来说，太阳高度自此回升，太阳光逐渐增强。从节气规律来说，立春是"阴阳"之气中阳气升发的始点，自立春起阴阳转化，阳气上升，立春标示着万物更生、新轮回开启。而冬至则是太阳回返的始点，自冬至起太阳高度回升、白昼逐日增长，冬至标示着太阳新生、太阳往返运动进入新的循环。

小寒，是天气寒冷但还没有到极点的意思。冬至之后，冷空气频繁南下，气温持续降低，温度在一年的小寒、大寒之际降到最低。民谚"小寒时处二三九，天寒地冻冷到抖"，说明了小寒节气的寒冷程度。小寒时节，太阳直射点还在南半球，北半球的热量还处于散失的状态，白天吸收的热量还是少于夜晚释放的热量，因此北半球的气温还在持续降低。

大寒同小寒一样，也是表示天气寒冷程度的节气，大寒是天气寒冷到极致的意思。根据中国长期以来的气象记录，在北方地区大寒节气是没有小寒冷的；但对于南方大部地区来说，在大寒节气最冷。大寒以后，立春接着到来，天气渐暖。至此地球绕太阳公转了一周，完成了一个循环。

二、文化内涵

二十四节气准确地反映了自然节律变化，在人们日常生活中发挥了极为重要的作用。它不仅是指导农耕生产的时节体系，更是包含丰富民俗事象的民俗系统。

三、拓展阅读

踏莎行·雨霁风光

立夏

十二生肖相关知识

第八章

传统礼仪

本章导读

中华礼仪文化是传统文化的重要组成部分。中国素有"礼仪之邦"之称，无论在古代社会还是在当代社会，"礼"对政治、经济、文化、教育等都有着重要的影响。

思维导图

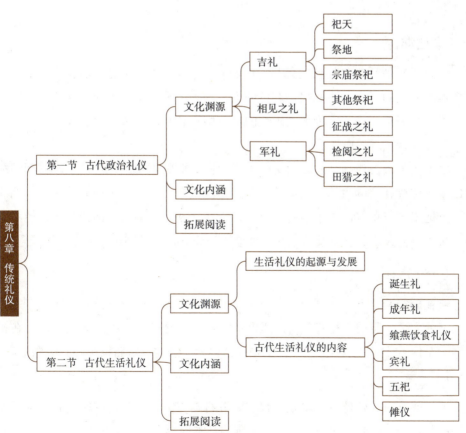

第一节 古代政治礼仪

知识目标

❖ 了解古代政治礼仪的种类，懂得礼仪是中华民族的一种美德。

能力目标

❖ 能够通过拜贺庆吊表关怀、尊重长辈显孝道、谦逊有礼显修养，初步具备中华优秀传统文化视野角度下社交礼仪的能力。

素质目标

❖ 培养主人翁意识和社会道德责任感。
❖ 促进人际交往友好和谐。

一、文化渊源

中国历来被称为"礼仪之邦"。礼仪对于我们中国人来说，是能体现出一个人的教养和品位的。真正懂礼仪讲礼仪的人，绝不会只在某一个或者几个特定的场合才注重礼仪规范，这是因为那些感性的又有些程式化的细节，早已在他们的心灵历练中深入骨髓、浸入血液了。

礼仪在中国古代社会的政治文化生活中占有极其重要的地位，这一时期的礼仪构成中华传统礼仪的主体。政治礼仪包括的范围非常广泛，诸如政治体制、朝廷法典、天地鬼神祭祀等，无不与礼仪有关，它几乎是一个囊括了国家政治、经济、军事、文化一切典章制度以及个人的伦理道德修养、行为准则规范的庞大的概念。

（一）吉礼

吉礼即祭祀之礼，为"五礼"之首。古人普遍认为，祭祀能给自己带来福祉，是国家的大事，所谓"礼有五经，莫重于祭"《礼记·祭统》，"国之大事，在祀与戎"（《左传·成公十三年》）。吉礼主要包括祀天、祭地、宗庙祭祀和其他祭祀。

1. 祀天

祀天就是对天帝侍奉、享献的仪式。五行与五方、五色、四季、五人神、五人帝等逐一相配，构成了我国古代祭祀大典的基本内容。

"天"在古人眼里不仅是自然万物的缔造者，而且是社会秩序的维护者。古文献记载，虞舜、夏禹时代已有祭天之礼。周代，天帝的形象被人格化，周王被称为"天子"，即作为天的儿子，代表天来统治人民。只有周天子才有祭天的资格，其他各级君主虽也崇拜上天，但只能采取不同形式助祭。

圜丘祭天是周朝祭祀的重要仪式。圜丘（图见8-1）是一座圆形祭坛，古人相信天地是圆的，因此建造圆坛以祭祀天地。圜丘祭天也被称为"郊祀"，因其在春秋两季于都城南郊进行。祭祀当日，周天子穿上绣有日月星辰和山龙图案的龙袍，外披大衣，头戴十二旒的冕冠，腰佩大玉带，带领文武百官一大早前往城外。鼓声中，周天子站在圜丘东南面，面朝西方，双手握权杖，向天帝禀告，接受祭天大典。之后，周天子带着祭品，将玉石等物置于木堆上，然后点燃柴火，烟花冲天而起，让天帝闻到气味，这就是"燔燎"。接着，以"尸"的身份登上圜丘，以示对天帝的尊敬。"尸"坐在供桌前，供桌上摆有玉石、绢布等供品，首先将祭血奉上，然后奉上五种品质不一的美酒、全牲、大羹（肉汁）、刑汤（菜汁）和黍稷等供品。祭祀结束后，周天子与乐队共舞《云门》，祭司与众人分享供祭之物，称为"饮福"；周天子将献上的牲畜赏赐给宗室大臣，称为"赐胙"。

图8-1 天坛圜丘

周代时，除常规的冬至日祭天外，也有临时性的目的明确的郊祀，在遇建都、征伐等重大事件时举行。后代祀天之礼大多依周礼而定，少有变通。秦汉时期行三年一郊之礼，而唐时祀天一年四次，祭祀时以神主或神位牌代替由活人扮演的"尸"。后世在祭祀活动中出现了天地合祭的趋势。

2. 祭地

大地吐生万物，哺育人类。在以农为本的中国古代，对百姓来说，土地是其生活可依赖的唯一重要的生活资料，百姓视土地为人类和万物的母亲，故有"父天而母地"的说法，并将其作为神灵来崇拜；对统治者来说，土地的占有是其获取政治权力的基础。所以，祭地同祀天一样成为国家典章制度中最重要的内容。

方丘祭地——祭祀地神的正祭。古文献中的土地神称作"地祇"或"社",祭礼称作"宜"。方丘,即四周环水的方形祭坛(图8-2),象征四海环绕大地。每年夏至日,在国都北郊水泽之中的方丘举行祭地大典。祭地礼仪与祭天礼仪大致相同,只是祭地不用燔燎而用瘗埋,即挖坎穴把祭品埋入土中。祭地所用牺牲取黝黑之色,玉为黄琮,取黄色象土、方形象地之意。

图8-2 地坛方泽坛

望祭——祭祀名山大川。祭祀山川,亲至其地而祭,称为"祭";因山川距离遥远,远望山川而祭之,则称为"望祭"。古代祭祀山川,多在国都四郊各建一坛,望祀一方的名山大川。古代的名山大川主要有"五岳"(东岳泰山、西岳华山、南岳衡山、北岳恒山、中岳嵩山)、"四渎"(江、济、河、淮)、"四海"(东海、南海、西海即青海湖、北海即贝加尔湖)。正祭之外,国家遇有大事,如重大军事行动、凶灾变异等,也要举行望祭。

封禅(图8-3)——古代帝王于泰山上祭告天地的典礼。"封"指在泰山上筑土为坛以祀天,以报天之功;"禅"是指在泰

图8-3 古代帝王封禅图

山下的一座小丘（即梁父山）上祭祀土地，报答大地的功劳。在上古时代，祭天是一种非常盛大和罕见的仪式，一般都是在改朝换代，或者皇帝认为自己的国家已经达到鼎盛时进行。由于这种仪式耗费大量的人力和物力，历史上仅有秦始皇、汉武帝、汉光武帝、唐玄宗、宋真宗等进行过这种仪式。除了泰山，史上仅有武则天在天宝二年（696年）登封嵩山，并在少室宫退位。

中国是一个以农耕为主的国家，土地和粮食是最重要的原始崇拜对象。在母系氏族时期，国家祭祀活动已经出现，西安半坡沟的仰韶文化遗址中曾出土过装有粟稷的陶瓮，用以祭祀山神。到了周朝，国家神灵在祭祀中地位仅次于昊天，祭祀仪式也成为国家的重要仪式。《周礼》曰："立国之神，右祀，左祀。"立国之初，"社稷"便成为"国"的同义词。周天子和诸侯们在春天向国家献上祭品，祈祷丰收；在秋天的仪式上，表达对国家的感激之情。

3. 宗庙祭祀

在宗法制度影响下，敬天祭祖成为中国古代社会精神生活的大事。周代已确立了宗庙祭祀制度，《社记·王制》中记载："天子七庙（图8-4），三昭三穆，与太祖之庙而七；诸侯五庙，二昭二穆，与太祖之庙而五；大夫三庙，一昭一穆，与太祖之庙而三；士一庙，庶人祭于寝"。所谓"昭""穆"，是指宗庙中位次的排列，始祖以下，父曰昭，子曰穆，依次左右排列下去。对于除始祖之外的渐渐远去的"亲尽"，则实行"毁庙"制度，即把远祖的神主移入"祧庙"，藏在石函或专设的房间里，合

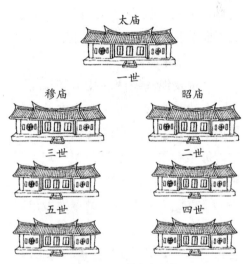

图8-4 天子七庙布局

祭时才拿出来与其他的远近祖先一起进行总祭。南宋以后，随着宗族祠堂制度的出现，祭祖活动更加分散和放宽。清代，庶人可以祭父、祖、曾、高四代祖先。

古代祭祀行礼非常严格，有"九拜"之礼：一曰稽拜，二曰顿拜，三曰空首，四曰振动，五曰吉拜，六曰凶拜，七曰奇拜，八曰褒拜，九曰肃拜。稽拜是跪下后两手着地，引头至地，并停留一段时间，是"九拜"中最重的礼节；顿拜是引头至地，稍顿即起，是礼拜中次重者；空首是两手拱地，引头向地而不着地，是礼拜中较轻者；振动是两手相击，振动其身而拜；吉拜是立拜以后再稽拜；凶拜是稽拜以后再立拜；奇拜是屈一膝而拜；褒拜是回报他人行礼的拜礼；肃拜是俯身行拱手礼。前三种为正拜，后六种是前三种的变通。

4. 其他祭祀

我国古代祭祀名目繁多，除以上三类外，列入国家祀典的重要祭祀还有以下几种：

（1）祀先王、先圣、先师

此指对传说中的三皇五帝等有功于民者的祭祀。《礼记·曲礼》中记载："法施于民则祀之，以死勤事则祀之，以劳定国则祀之，能御大灾则祀之，能捍大患则祀之。"祭祀先圣先师（图8-5），初为立学之礼，未有特定之人，汉魏以后逐渐以周公为先圣，以孔子为先师。唐朝定孔子为先圣，颜回为先师。元代，孔子之后袭封衍圣公，天下郡学书院皆修孔庙以时祀之。

图8-5 祭孔仪式

（2）祀先蚕礼

养蚕及缫丝织绸的技术都源自中国。在我国古代，帝王祭祀农桑是很重要的一环。按照男耕女织的传统习惯，每年春季，皇帝要在先农坛"亲耕"，皇后则要在先蚕坛"亲桑"（图8-6），以此为天下的黎民百姓做出表率。天子后妃于仲春二月以少牢祭祀先蚕神，三月朔率内外命妇于北郊，亲桑事，以鼓励蚕桑生产。除祭祀先蚕嫘祖外，各地所祭拜的蚕神还有"蚕母""蚕花娘娘""蚕三姑""蚕花五""青衣神"等。

图8-6 清代郎世宁《孝贤纯皇后亲蚕图》局部

（3）媒神之祭

对媒神的敬仰源自远古，因时代和各民族信仰的不同而存在差异，夏人所祀媒神为深山氏（女娲），殷商人所祀媒神为简狄，周人所祀媒神为姜源。古代各民族或部落所祀的媒神大都是该民族的先妣，侧面反映了远古母氏社会以女性为中心的历史。先秦时期，天子亲自主持对媒神的敬祀，仪式隆重，究其实质，是对祖先拜祭的表达形式。媒神传说是主宰婚姻与生殖之神，所以敬祖重嗣必祭高禖。周代，周天子率妃嫔于仲春二月祭祀媒神。

（二）相见之礼

《士相见礼》是《仪礼》的主要内容，记录了士人与大夫、平民见面时的礼仪。宋太祖乾德二年（964年）制定了"百官见面"的制度，即"下朝见上"，根据官职不同而行礼；在路上见面时，下属需"敛马侧立"，等待上司经过或"回避"；平级见面，彼此行礼；下属拜见上司时，上司也需回应（若级别不同，上司则无须回应）。明朝时期，官吏见面时互相作揖（图8-7）；公、侯、驸马见面行二礼；平民见面则按年龄行礼，年幼者向年长者行礼。清朝时期，内外王公见面时，宾主行二跪六拜之礼；官员与平民见面时，则拱手为礼。这些礼仪制度反映了中国古代社会严格的等级制度和礼仪规范。在不同历史时期，礼仪细节有所变化，但核心思想始终是尊重、敬仰，体现了中国文化中"礼"的重要性。

图8-7 揖礼

（三）军礼

军礼是指军队征战、操练之礼。《周礼》所讲的军礼包括大师之礼、大均之礼、大田之礼、大役之礼、大封之礼。大师之礼指召集整顿军队出师之礼；大均之礼指校正户口，调节赋役征收之礼；大田之礼指检阅车马人众，定期狩猎之礼；大役之礼，指营建土木工程之礼；大封之礼，指整修道路、疆界、沟渠之礼。

1. 征战之礼

征战之礼即大师之礼。古代军队出征，有天子亲征和命将出征两种。天子亲征前，要举行祭告天地、宗庙、军神、军旗、道路等祭祀活动，以示此次征伐乃受命于天地、祖宗之意，并祈求得到神灵护佑。祭祀完毕，举行誓师典礼。如果是命将出征，君主要在太庙召见全军将士，并授节钺于大将以节制全军。

出征前祭天称"类祭"，在郊外以柴燔燎牲、币等，把即将征伐之事报告天帝，表示恭行天罚，以天帝的名义去惩罚敌人。古代干支纪日有刚日、柔日之分，甲、丙、戊、庚、壬为刚日，刚日属阳，外事须用刚日。出征前祭地称"宜社"，"社"是土地神，征伐敌人是为了保卫国土，所以称"宜"。后代多将祭社（狭义指本国的土地神）、祭地（地是与天相对而言的大地之神）、祭山川湖海同时举行。祭社仍以在坎穴中瘗埋玉币牲犊为礼。出征前告庙称"造祢"，"造"就是告祭的意思，"祢"本是考庙，但后代都告祭于太庙，并不限于父庙，告庙有受命于祖的象征意义。祭军神、军旗称为"祃祭"。祃祭既要祭牙旗，也要祭六纛，建坛位，张帷幄，设旗、纛神位，掘坎埋瘗，礼仪更加复杂。

祭祀礼毕，出征的军队有誓师典礼，一般是将出征的目的与意义告知将士，揭露敌人的罪恶，强调纪律与作风，也就是一次战前动员和教育。

2. 检阅之礼

检阅之礼是指君主亲自检阅军队训练之礼。比如，在位者和诸侯在均土地、征赋税时举行军事检阅以安抚民众的"大均之礼"，国家在兴办筑城邑、建宫殿、开河、造堤等大规模土木工程时所举行的"大役之礼"，在各个诸侯国勘定国与国、私家封地与私家封地间的疆界并树立界碑后所举行的"大封之礼"均属于此类。

3. 田猎之礼

田猎之礼即"大田之礼"。古代之所以把田猎之礼列入军礼，是因为古代田猎是一项具有军事意义的活动。《左传》记载，周朝四时田猎，春曰"蒐"、夏曰"苗"、秋曰"狝"、冬曰"狩"。田猎必须遵守的礼规：不捕幼兽，不采鸟卵，不杀孕兽，围猎捕杀要围而不合，留有余地，不能一网打尽。这些礼规对于保护自然界的生态平衡有积极意义。清代宫廷画家顾见龙的《狩猎图》（图8-8），较形象地表现了田猎场景。

图8-8　顾见龙《狩猎图》

二、文化内涵

政治礼仪跟公务礼仪一样，其宗旨是要求自觉地恪尽职守，勤于政务，廉洁奉公，忠于祖国，提高工作效率，维护国家形象，以求更好地服务于社会，服务于国家；主旨和原则是要学会尊重，尊重为本，尊重自己、尊重他人、尊重社会、尊重自身、尊重自己所从事的职业。要懂得：尊重上级，是一种天职；尊重同事，是一种本分；尊重下级，是一种美德。

三、拓展阅读

玉帛成干戈

第二节　古代生活礼仪

知识目标

❖ 认识和掌握古代生活礼仪的起源及发展。
❖ 认识社会活动和人际交往中礼仪的重要性，掌握各种礼仪的内涵。

能力目标

❖ 能够通过礼仪举止规范，营造出和谐友好的社交氛围，提升社交能力。

素质目标

❖ 培养主人翁意识和社会道德责任感。
❖ 促进人际交往友好和谐，提高综合职业素养与职场道德。

一、文化渊源

（一）生活礼仪的起源与发展

礼仪在其传承沿袭的过程中不断发生着变革。从历史发展的角度来看，其演变过程可以分四个阶段。

1. 礼仪的起源时期：夏朝以前（公元前21世纪前）

礼仪起源于原始社会，在原始社会中晚期（约旧石器时代）出现了早期礼仪的萌芽。整个原始社会是礼仪的萌芽时期，礼仪较为简单和虔诚，还不具有阶级性。礼仪内容包括：明确血缘关系的婚嫁礼仪；区别部族内部尊卑等级的礼制；为祭天敬神而确定的一些祭典仪式；在人们的相互交往中表示礼节和表示恭敬的一些动作。

2. 生活礼仪的形成时期：夏、商、西周三代（公元前 21 世纪—公元前 771 年）

人类进入奴隶社会，统治阶级为了巩固自己的统治地位，把原始的宗教礼仪发展成符合奴隶社会政治需要的礼制，礼被打上了阶级的烙印。在这个阶段，中国第一次形成了比较完整的国家礼仪与制度，如"五礼"就是一整套涉及社会生活各方面的礼仪规范和行为标准。古代的礼制典籍亦多撰修于这一时期，如周代的《周礼》《仪礼》《礼记》就是我国最早的礼仪学专著，在汉以后 2000 多年的历史中，它们一直是国家制定礼仪制度的经典著作，被称为礼经。

3. 生活礼仪的变革时期：春秋战国时期（公元前 771—公元前 221 年）

这一时期，学术界形成了百家争鸣的局面，以孔子、孟子、荀子为代表的诸子百家对礼教给予了研究和发展，对礼仪的起源、本质和功能进行了系统阐述，第一次在理论上全面而深刻地论述了社会等级秩序划分及其意义。孔子对礼仪非常重视，把"礼"看成是治国、安邦、平定天下的基础。他认为"不学礼，无以立""质胜文则野，文胜质则史。文质彬彬，然后君子"，他要求人们用礼的规范来约束自己的行为，要做到"非礼勿视，非礼勿听，非礼勿言，非礼勿动"，倡导"仁者爱人"，强调人与人之间要有同情心，要相互关心、彼此尊重。孟子把礼解释为对尊长和宾客严肃而有礼貌，即"恭敬之心，礼也"，并把"礼"看作是人的善性的发端之一。荀子把"礼"作为人生哲学思想的核心，把"礼"看作是做人的根本目的和最高理想，"礼者，人道之极也。"他认为"礼"既是目标、理想，又是行为过程，"人无礼则不生，事无礼则不成，国无礼则不宁。"管仲把"礼"看作是人生的指导思想和维持国家的第一支柱，认为礼关系到国家的生死存亡。

4. 生活礼仪的强化时期：秦汉到清末（公元前 221—1911 年）

在我国长达 2000 多年的封建社会里，尽管在不同的朝代礼仪文化具有不同的社会政治、经济、文化特征，却有一个共同点，就是一直为统治阶级所利用，礼仪是维护封建社会等级秩序的工具。这一时期礼仪的重要特点是尊君抑臣、尊夫抑妇、尊父抑子，尊神抑人。在漫长的历史演变过程中，它逐渐变成妨碍人类个性自由发展、阻挠人类平等交往、窒息思想自由的精神枷锁。

（二）古代生活礼仪的内容

1. 诞生礼

从妇女未孕时的求子到婴儿周岁，一切礼仪都围绕着长命的主题。高禖之祭即是乞子礼仪。此时，设坛于南郊，后妃九嫔都参加。汉魏时皆有高禖之祭，唐宋时制定了高禖之祀的礼仪，金代高禖祭青帝，在皇城东永安门北建木质方台，台下设高禖神位。清代无高禖之祭，却有与之意义相同的"换索"仪式。诞生礼自古就有重男轻女的倾向。诞生礼还包括三朝、满月、百日、周岁等。三朝是指婴儿降生三日时接受各方面的贺礼。满月是指在婴儿满一个月时剃胎发。百日时行认舅礼、命名礼。周岁时行抓周礼（图8-9），以预测小儿一生命运、事业吉凶。

2. 成年礼

成年礼，也叫冠礼，是汉族男子跨入成年人行列的男子加冠礼仪。冠礼从氏族社会盛行的男女青年发育成熟时参加的成丁礼演变而来。汉代沿袭周代冠礼制度。魏晋时，加冠开始用音乐伴奏。唐宋元明都实行冠礼，清代剃发易服后废止。

图8-9 抓周

3. 飨燕饮食礼仪

"飨"在太庙举行，烹太牢以饮宾客，重点在礼仪往来而不在饮食；"燕"即"宴"，燕礼在寝宫举行，主宾可以开怀畅饮（图8-10）。燕礼对中国饮食文化形成有深远的影响，节日设宴在中国民间食俗上形成节日饮食礼仪。正月十五吃元宵，清明节吃冷饭寒食，五月端阳的粽子和雄黄酒，中秋月饼，腊八粥，辞岁饺子等都是节日仪礼的饮食。在特定的节日吃特定的食物，这也是一种饮食礼仪。宴席上的座次，上菜的顺序，劝酒、敬酒的礼节，也都有社会往来习俗中男女、尊卑、长幼关系和祈福避讳上的要求。

图8-10 飨燕饮食礼仪

4. 宾礼

宾礼主要是对客人的接待之礼。与客人往来的馈赠礼仪有等级差别。士相见，宾见主人要以雉为贽；下大夫相见，以雁为贽；上大夫相见，以羔为贽。

5. 五祀

五祀指祭门、户、井、灶、中（中室）。周代是春祀户，夏祀灶，六月祀中溜，秋祀门，冬祭井。汉魏时按季节行五祀，孟冬三月"腊五祀"，总祭一次。唐、宋、元时采用"天子七祀"之说,祀司命(宫中小神)、中、国门、国行、泰厉(野鬼)、户、灶。明清两代仍祭五祀,清康熙之后,罢去门、户、中、井的专祀,只在十二月二十三日祭灶,与民间传说的灶王爷腊月二十四朝天言事的故事相合,国家祀典采用了民间形式。

6. 傩仪

傩仪滥觞于史前,盛行于商周。周代的傩仪是四季驱邪逐疫。周人认为自然的运转与人事的吉凶息息相通。四季转换,寒暑变异,瘟疫流行,鬼魂乘势作祟,所以必须适时行傩以逐邪恶。傩仪中的主神是方相氏。两汉,傩仪中出现了与方相氏相配的十二兽。魏晋南北朝隋唐沿袭汉制,傩仪中加入了娱乐成分,方相氏和十二神兽角色,由乐人扮演。至今仍有遗存的贵州土家族傩堂仪最为完整典型。

二、文化内涵

"做人先学礼",礼仪教育是人生的第一课。礼仪必须通过学习、培养和训练,才能成为人们的行为习惯。每一位社会成员都有责任和义务学习礼仪、传承礼仪,自然而然地成为这个民族和团体的一员。个人文明礼仪一旦养成,必然会在社会生活中发挥重要的作用。我们可以从以下五个方面理解礼仪的文化内涵:

礼仪是安身立命之资本;

礼仪是家庭美满和睦的根基;

礼仪是人际关系和谐的基础;

礼仪是各项事业发展的关键;

礼仪是社会文明进步的载体。

三、拓展阅读

第九章
传统体育运动

本章导读

了解传统体育运动的基本知识，掌握运动技能，强健体质，培养体育精神，树立"健康中国"信念，实现全面发展。

思维导图

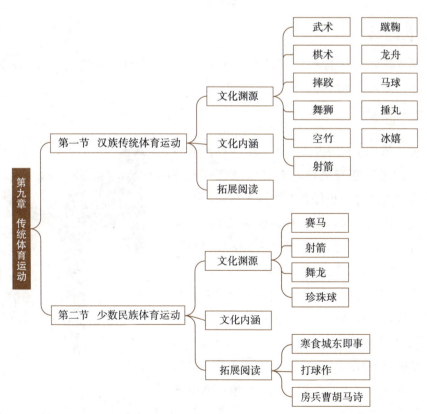

第一节　汉族传统体育运动

知识目标

❖ 了解汉族传统体育运动的文化渊源与文化内涵。
❖ 掌握科学锻炼身体的基本原理和方法及与生活的联系。

能力目标

❖ 熟悉我国汉族传统体育运动的发展历程和流派特点。
❖ 正确认识我国汉族传统体育运动的精神内涵。

素质目标

❖ 传承中华优秀传统文化，促进身心健康。
❖ 形成健康意识和终身体育观，确保"健康第一"思想落到实处。

一、文化渊源

中国汉族传统体育项目有武术、棋术、摔跤、舞狮、空竹、射箭、蹴鞠、龙舟、马球、捶丸、冰嬉等。

（一）武术

武术（图9-1）是古代军事战争一种传承的技术。习武可以强身健体，亦可以防御敌人进攻。习武之人以"制止侵袭"为技术导向，引领修习者进入认识人与自然、社会客观规律的传统教化（武化）方式，是人类物质文明的导向和保障，是当代传统武学艺术的一种展示。

武术，拥有消停战事、维护和平的实力。作为中华民族的生存技能，中国传统武术伴随着中国历史与文明发展，走过了几千年的风雨历程，成为维系这个民族生存和发展的魂和承载中华儿女基因构成的魄，止戈为武。武，是拥有维护自身安全和权益的实力。我们修习武术，是让我们从身到心、由魂而魄得到提升而充满安全感，精壮神足，具有安然自胜的实力。

图9-1　武术

（二）棋术

中国古代棋术分为象棋、围棋。博弈是东方文化生活的重要组成部分，它不但不同于一般的消遣游戏，还影响和陶冶着人们的道德观念、行为准则、审美趣味和思维方式（图 9-2）。

图 9-2　民间对弈

（三）摔跤

中国最古老的体育项目之一，古代称为角力、角抵、相扑、争跤等。早在 5000 多年前的黄帝时代就有了古代摔跤活动（图 9-3）。晋代，多在元宵节举行摔跤比赛。唐代多在春秋两季举行比赛，也作为宫廷娱乐的项目。五代时期，摔跤技术强调轻便敏捷。宋代还出现了女子摔跤。民间有摔跤组织角抵社。

图 9-3　摔跤角力

（四）舞狮

舞狮（图9-4）源自中国，深受广大人民群众的喜爱和青睐。舞狮运动的形式丰富多彩，凡是和中国狮子有关的活动大都纳入舞狮运动的范围之内。由于中国舞狮运动和舞龙运动有着很大的内在相通性，为了便于广泛地开展舞狮和舞龙运动，国际上成立了国际龙狮总会，国家体育总局成立了中国龙狮运动协会，旨在将中国舞龙和舞狮运动协调起来。

图9-4　舞狮

（五）空竹

空竹（图9-5）是中国传统文化苑中一株灿烂的花朵。空竹古称"胡敲"，也叫"地铃""空钟""风葫芦"，在济南俗称"老牛"。空竹是中国民间游艺活动，可见于全国各地，天津、北京及辽宁、吉林、黑龙江等地尤为盛行。

图9-5　抖空竹

（六）射箭

传统射箭（图9-6），是指君子六艺的"射"，《礼记·射义》："射者，仁之道也。射求正诸己，己正而后发；发而不中，则不怨胜己者，反求诸己而已矣。孔子曰：'君子无所争，必也射乎！揖让而升，下而饮，其争也君子'。"通过射箭时时处处留心自己，修正自己，同时培养恭敬礼让的品德。

图9-6　射箭

（七）蹴鞠

蹴鞠（图9-7），又名"蹹鞠""蹴球""蹴圆""筑球""踢圆"等，"蹴"有用脚蹴、蹹、踢的含义，"鞠"最早系外包皮革、内实米糠的球，"蹴鞠"就是指古人以脚蹴、蹹、踢皮球的活动，类似今日的足球。据史料记载，早在战国时期中国民间就流行娱乐性的蹴鞠游戏，而从汉代开始又成为兵家练兵之法，宋代又出现了蹴鞠组织与蹴鞠艺人，清代开始流行冰上蹴鞠。

图9-7　蹴鞠

（八）龙舟

龙舟（图9-8），是端午节竞渡用的龙形船。赛龙舟是汉族传统节日端午节的主要习俗，最初是中国人祛病防疫的节日，江浙地区春秋之前有在农历五月初五以龙舟竞渡形式举行龙图腾祭祀的习俗；后因诗人屈原在这一天逝世，便成了汉族人民纪念屈原的传统节日习俗，也是汉族龙图腾文化的代表之一。

图9-8　赛龙舟

（九）马球

马球，指的是骑在马上，用马球杆击球入门的一种体育活动。马球在中国古代叫"击鞠"（图9-9），始于汉代，兴盛于唐宋，在东汉后期，曹植《名都篇》中就有"连骑击鞠壤，巧捷惟万端"的诗句来描写时人打马球的情形。

图9-9　击鞠

（十）捶丸

"捶"即击打，"丸"即小球，捶丸（图 9-10）即是以球杖击球入穴的一种运动项目。捶丸的前身可能是唐代马球中的步打球，当时的步打球类似现代的曲棍球，有较强的对抗性。到了宋朝，步打球由原来的同场对抗性竞赛逐渐演变为依次击球的非对抗性比赛，球门改为球穴，名称也随之改为"捶丸"。

图 9-10　捶丸

11. 冰嬉

几千年前，生活在极寒地区的人们，生存环境恶劣，在雪地里行走非常困难，为了解决这个问题，人类发明了可以代替行走的滑雪板，它的应用使得人们可以在浩瀚的森林中任意驰骋，追寻猎物。我国滑雪历史非常悠久，古代的滑雪板是用动物毛皮和木板制成的，人们在木板下钉马皮，皮毛光滑，能使人快速下山。现代双板滑雪的灵感来源于金代"铁滑子"，即东北地区少数民族用铁制造的一种绑在脚上的运动工具。

冰嬉（冰上嬉戏，图 9-11）是中国东北的一项独具特色的冰雪运动，历史由来已久。宋朝《宋史·礼志》曾记载，当时的皇帝就喜欢冰上娱乐活动，在后苑里"观花，作冰嬉"。明朝时，冰嬉被列为宫廷体育活动，清朝更是中国古代冰嬉发展的黄金时代。如今，冰嬉在北方的各地仍很盛行。

图 9-11 冰嬉

二、文化内涵

中国传统体育运动蕴含着丰富的文化内涵：

增强体质：通过科学锻炼，增强身体抵御外界不良环境的能力；

勃发生机：焕发极其旺盛的生命力；

不畏严寒：不惧怕严寒的天气；

勇于探索、创新：勇于在陌生领域不断探索，思考并解决问题，且能提出独到的、新颖的见解，具有开拓能力；

积极进取：不断地给自己设定新目标，并为之而努力；

持之以恒：运动需要长期坚持；

和谐发展：通过科学运动，形成与自然和谐发展的新格局。

三、拓展阅读

冰嬉

第二节　少数民族体育运动

知识目标
- 了解少数民族体育运动的文化渊源与文化内涵。
- 了解少数民族传统体育的特点、社会功能和教育价值。

能力目标
- 掌握基本理论知识、基本技术，为培养终身体育的良好习惯打下坚实基础。

素质目标
- 传承少数民族体育运动，保护非物质文化遗产。
- 弘扬多元体育文化。

一、文化渊源

中国是一个统一的多民族国家，除人口众多的汉族外，还有 55 个少数民族。中国少数民族地区不仅有田径、游泳、篮球、足球等现代体育项目，还有许多各民族固有的传统体育项目。中国少数民族传统体育是一个丰富的宝藏，它虽然屡遭历代统治阶级的摧残，但由于扎根于群众之中，千百年来辗转流传，终被保存下来。中华人民共和国的诞生，为继承和发展少数民族传统体育开拓了光辉的前程。1953 年 10 月 8 日在天津召开了盛大的"全国民族形式体育表演大会"，来自全国各民族的 397 名优秀选手，进行了 483 项次表演。多年来，体育工作者对少数民族传统体育进行了研究、整理，继承和发展了那些对增进身心健康有价值的项目。

（一）赛马

蒙古族、藏族、彝族、维吾尔族、哈萨克族、水族、苗族等少数民族喜爱赛马。蒙古族每年都举行一次盛大的赛马会（图 9-12）。民间的"敖包"和庙会上，赛马是重要内容之一。赛马也是蒙古族青年男女结婚礼俗的内容。结婚这天，男家亲族骑马迎接，女家亲族骑马相送，途中互相竞赛，夺帽为戏。"姑娘追"是哈萨克族、维吾尔族古老的传统赛马习俗。未婚男女身着艳服，骑着骏马来到草原，在规定的里程内互相追逐。去程时小伙子追姑娘，回程时则由姑娘追小伙子，如姑娘追到小伙子，她有权鞭打他，假如姑娘对小伙子有情意，只把鞭子高高举起轻轻落下。

图 9-12　赛马会

（二）射箭

藏族、蒙古族、维吾尔族、鄂伦春族、苗族、傣族、黎族、景颇族、拉祜族、苦聪人、独龙族、傈僳族、佤族等，都有射箭或射弩传统。每年正月初二，黎族村寨轮流举行射箭比赛（图 9-13），用一条牛腿当奖品，挂在距离 50 米左右的大树下，各村选出一名好射手，谁射中牛腿，就把牛腿拿到自己村，大家共同分享。优秀选手受到人们的敬佩和姑娘们的爱慕。景颇族射箭是由姑娘们把靶子高挂在树上，小伙子们争先恐后地用箭射，靶子是一个布包，里边藏着象征吉祥和爱情的礼物。弩弓是狩猎工具，也是自卫的武器，弩都是自己制作的，例如苦聪人的弩，用竹子做弓，削木头做架，编竹筋为弦，大人小孩都有一把。傈僳族人每到新年就举行射弩比赛，比赛时把两支竹箭交叉插在地上，在几十米处射中箭叉下的三角形为胜。

图 9-13　黎族射箭

（三）舞龙

壮族、苗族、白族等民族喜爱舞龙（图9-14）。龙用竹扎成，用画有龙鳞的花布或色纸裹着龙头、龙身、龙尾，一般是21~25节，龙下撑着10多个把柄，舞龙者每人拿着一个把柄。有的龙身内有灯座，晚上可以点灯。在前面一个人拿着龙珠来指挥舞龙。参加舞龙的成员，不但要力气大、有健壮的体魄，还要有娴熟的技术。贵州省苗岭苗族集居的地区，历史上每年元宵节，苗汉两族人民舞龙互访，上一年汉族人舞着龙到苗族村寨里去联欢，苗族人舞着他们的龙来迎接。两龙相遇，主龙的头要低于客龙的头，并且让客龙先入寨子。客龙进入寨子翩翩起舞，到每户"祝福"，被拜访的户主就燃放爆竹欢迎。接着苗族人就抢客人到家做客，以抢的人多为光荣；到了下一年，苗族人照样舞着龙到汉族村寨回敬。

图9-14 舞龙

（四）珍珠球

任何民族的体育项目都是在一定的地域环境中形成的，反映了一个民族在特定历史背景下的文化。从某种意义上讲，体育是人类与生存环境相互融合的结果，能够在少数民族的繁衍生息中被一代一代地传承下来的体育运动，都是适应其特定的生存环境的。

珍珠球（图9-15）是一项源自满族生产劳动的传统体育活动，玩法与篮球类似，珍珠球现已成为第一批黑龙江省非物质文化遗产扩展项目。据载，牡丹江的贻贝，珍珠非常多。牡丹江边宁古塔的大珍珠，晶莹剔透，很受欢迎，被官员嵌入头罩和服装。在连续的生产活动中，满族先民发明了模仿生产活动的儿童游戏和体育活动——"采珠"，即后世的"珍珠球"。

图9-15 珍珠球

二、文化内涵

中国少数民族传统体育是世界体育文化的一个组成部分。少数民族传统体育运动来源于生活，具有鲜明的民族特色和广泛的群众基础。它不仅是国家体育事业的重要组成部分，也是中华优秀传统文化的瑰宝。

我们可以从以下六个方面理解其文化内涵：

传承性：传承了少数民族体育运动中优秀的文化精神；
适应性：运动参与者使自身与环境保持相对和谐的状态；
独特性：运动项目体现着民族特色，具有独特性；
竞技性：在运动过程中，人与人之间形成竞技、对抗局面；
多样性：项目丰富，实践的方法和形式多种多样；
群体性：为多人参与的普及性质的活动。

三、拓展阅读

寒食城东即事

打球作

房兵曹胡马诗

实践任务

实践任务一　探究传统美德

教学章节	实践任务： 探究传统美德	姓名：	学号：	组号：
		班级：	日期：	
		课程名称：中华优秀传统文化		

【任务目标】

知识目标

- ❖ 了解我国"八德"的文化内涵，弘扬中华民族的传统美德。
- ❖ 了解中华民族传统美德在现实生活中的作用，知道符合社会发展规律的传统美德对社会与人的发展的积极作用。

能力目标

- ❖ 能够领会中华传统美德中仁爱孝悌、勤劳节俭的内涵和外延。
- ❖ 具备搜集处理资料、信息的能力。

素质目标

- ❖ 弘扬我国社会主义核心价值观，提升学生的综合素养。
- ❖ 立德树人，发扬中华优秀传统文化，培养中国特色社会主义事业接班人。

【任务实施】

我们即将进入传统美德课后实践任务的学习，请你通过个人学习、小组讨论、信息查找等方法，并结合工作页完成以下学习任务。

导入：传统美德的解读

1. 中华优秀传统文化是中华民族的根和魂，自古就是推进道德建设的根脉底蕴所在。中华传统美德作为中华优秀传统文化的精髓和核心，体现的是中华儿女崇德向善的价值追求、修身齐家的道德精神。请你简单说说公民道德建设的现实意义有哪些。

2. 请你诵读以下词语,并根据字帖完成书写。

传	统	美	德	:				
厚	德	载	物	、	为	政	以	德

3. 请你讲一个关于传统美德的小故事,并讲讲其中蕴含哪些传统美德元素。

【任务评价表】

序号	任务评价	评价指标	分值	自评（30%）	互评（30%）	师评（40%）	合计
1	行为银行（40分）	敬师	10				
		上课状态	10				
		文明	10				
		守时	5				
		下课	5				
2	专业能力（40分）	了解我国"八德"的文化内涵	10				
		了解中华民族传统美德在现实生活中的作用	10				
		知道符合社会发展规律的传统美德对社会与人的发展的积极作用	10				
		深刻地认识公民道德建设工程	10				
3	创新意识（20分）	创新思维展示	10				
		创新性成果展示	10				
	合计		100				
	综合得分						

实践任务

实践任务二　探究汉族传统服饰

教学章节	实践任务：探究汉族传统服饰	姓名：	学号：	组号：
		班级：	日期：	
		课程名称：中华优秀传统文化		

【任务目标】

知识目标

- ❖ 多角度对不同时期民族传统服饰探究，感受汉服之美，领略我国古代服饰文化的灿烂辉煌。
- ❖ 了解汉服发展的历史，探究文化发展与服饰变迁的历史关系。

能力目标

- ❖ 熟知服饰的发展历程。
- ❖ 具备多角度鉴赏传统服饰美的能力。

素质目标

- ❖ 弘扬中国优秀传统服饰文化，提升中国文化对学生的感染力。
- ❖ 提高学生传统文化素养和人文素养。

【任务实施】

我们即将进入汉族传统服饰课后实践任务的学习，请你通过个人学习、小组讨论、信息查找等方法，并结合工作页完成以下学习任务。

导入：从古诗词看中国古代服饰变迁

 中国是个诗的国度，我们的祖先曾经留下大量与冠裳有关的诗句，读这些诗句能够陶冶情操，开阔视野，最重要的是能够看到真实的汉服是这般的绚丽华美，繁复多端。请在收集赏析下列诗词的过程中，写出不少于五句描写服饰的诗句。

《秦宫诗》——唐·李贺　　《和贾至散人早朝大明宫作》——唐·王维
《陌上桑》——汉乐府　　《丽人行》——唐·杜甫
《孔雀东南飞》——汉乐府　　《于飞乐》——北宋·欧阳修
《甘州遍》唐·毛文锡　　《霓裳羽衣（和微之）》——唐·白居易

1. ＿＿＿＿＿＿＿＿＿＿＿＿＿＿＿＿＿＿＿＿＿＿＿＿＿＿＿＿＿＿＿＿＿＿＿＿
2. ＿＿＿＿＿＿＿＿＿＿＿＿＿＿＿＿＿＿＿＿＿＿＿＿＿＿＿＿＿＿＿＿＿＿＿＿
3. ＿＿＿＿＿＿＿＿＿＿＿＿＿＿＿＿＿＿＿＿＿＿＿＿＿＿＿＿＿＿＿＿＿＿＿＿
4. ＿＿＿＿＿＿＿＿＿＿＿＿＿＿＿＿＿＿＿＿＿＿＿＿＿＿＿＿＿＿＿＿＿＿＿＿
5. ＿＿＿＿＿＿＿＿＿＿＿＿＿＿＿＿＿＿＿＿＿＿＿＿＿＿＿＿＿＿＿＿＿＿＿＿

发布学习任务

 子任务一：根据汉族传统服饰章节的学习和资料的查找，完成下列任务。注意书写工整、认真严谨、一丝不苟，展现科学态度。

1. 汉服的款式虽然繁多复杂，且有礼服、常服、特种服饰之分，但仔细分析，根据其整体结构，主要分为三大种类，分别是什么？

_____。

2. 中国的冠服制度在何时被纳入礼治？其在我国古代象征着什么？

_____。

3. 在我国古代哪个时期出现了多民族文化大交融，使服饰呈现出交融互渗入的状态？

_____。

4. 汉服的一个重要特征是交领右衽，请分辨下图哪件的衣领是右衽？（右衽是左边的衣领盖住右边的衣领还是反过来呢？）请大家检查你的衣领看看，是左衽还是右衽。

_____。

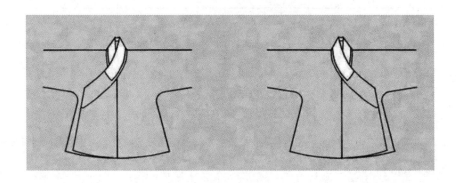

5. 唐代从唐太宗李世民开始，黄色成为皇家御用色彩。特别是北宋太祖赵匡胤陈桥兵变黄袍加身后，黄袍正式成为皇权的象征，并历代沿用。那么除色彩外，古代服饰还有哪些方面有严格的限制？

_____。

 想一想：在海外，当人们赞叹韩国的韩服雍容华贵、日本人的和服美丽端庄时，许多中国人都不知道，韩服只是明朝汉族的一种礼服，而和服只是几款唐朝汉服而已。为什么我们允许别国学习我们的礼仪冠服制度？好东西不是该披着藏着吗？

自我评价：

难易程度：☆☆☆☆☆；掌握情况：👍👍👍👍

完成以上部分请与教师沟通。💬💬💬

💡 子任务二：你对哪个时期的汉服感兴趣？请收集资料或阅读书籍，并记录下来。注意书写工整、认真严谨、一丝不苟，展现科学态度。

_____
_____
_____
_____
_____
_____
_____
_____

自我评价：

难易程度：☆☆☆☆☆；掌握情况：👍👍👍👍

完成以上部分请与教师沟通。💬💬💬

💡 子任务三：如何身体力行地传承与创新中国传统服饰，发扬其中所包含的优秀传统文化？

_____
_____
_____
_____
_____
_____
_____
_____

【任务评价表】

序号	任务评价	评价指标	分值	自评（30%）	互评（30%）	师评（40%）	合计
1	行为银行（40分）	敬师	10				
		上课状态	10				
		文明	10				
		守时	5				
		下课	5				
2	专业能力（40分）	探究不同时期民族传统服饰	10				
		了解传统服饰的样式及传统服饰的发展史	10				
		探究文化发展与服饰变迁的历史关系	10				
		具备多角度鉴赏传统服饰美的能力	10				
3	创新意识（20分）	创新思维展示	10				
		创新性成果展示	10				
	合计		100				
	综合得分						

实践任务

实践任务三　探究传统酒文化

教学章节	实践任务：探究传统酒文化	姓名：	学号：	组号：
		班级：	日期：	
		课程名称：中华优秀传统文化		

【任务目标】

知识目标
- ❖ 了解酿酒、品酒的程序与方法，体验酒文化发展中的历史内涵。

能力目标
- ❖ 了解中国古代酒器及其演变过程。
- ❖ 提高在日常活动中通过中国酒文化的核心要素"礼"和"德"延续中国酒文化的能力。

素养目标
- ❖ 体会酒文化与古代文学的关系，形成爱国精神、工匠精神、劳动精神、职业精神。
- ❖ 通过学习了解酒和中国的酒文化，激发对祖国的热爱。

【任务实施】

我们即将进入酒文化课后实践任务的学习，请你通过个人学习、小组讨论、信息查找等方法，并结合工作页完成以下学习任务。

导入：酒器的解读

 下图是一幅中国古代酒器图，请你根据这幅图谈谈你对酒器演变过程的感想。

_____
_____
_____

发布学习任务

请通过个人学习、小组讨论、信息查找等方法了解酿酒、品酒的程序与方法，体验酒文化发展中的历史内涵，把自己的心得写下来吧。

【任务评价表】

序号	任务评价	评价指标	分值	自评（30%）	互评（30%）	师评（40%）	合计
1	行为银行（40分）	敬师	10				
		上课状态	10				
		文明	10				
		守时	5				
		下课	5				
2	专业能力（40分）	了解酿酒、品酒的程序与方法	10				
		了解中国古代酒器及其演变过程	10				
		学习中国酒文化的核心要素"礼"和"德"	10				
		体会酒文化与古代文学的关系	10				
3	创新意识（20分）	创新思维展示	10				
		创新性成果展示	10				
	合计		100				
	综合得分						

实践任务四　探究中国食文化

教学章节	实践任务：探究中国食文化	姓名：	学号：	组号：
		班级：	日期：	
		课程名称：中华优秀传统文化		

【任务目标】

知识目标

- ❖ 了解和欣赏中国饮食文化的特点，理解饮食文化的内涵。

能力目标

- ❖ 厚植我国饮食文化的博大精深，激发对烹饪文化的学习热情，提高综合素养。
- ❖ 理解当代中西方的饮食文化差异，运用所学的知识能辩证地分析当代各地域、各民族的饮食特征。

素养目标

- ❖ 弘扬我国饮食文化内涵，发扬中华民族饮食文化宝库几千年蕴藏的文化思想和民族精神。

【任务实施】

我们即将进入中国食文化课后实践任务的学习，请你通过个人学习、小组讨论、信息查找等方法，并结合工作页完成以下学习任务。

导入：八大菜系

下图是一幅中国八大菜系图，请你根据这幅图谈谈你喜欢哪种菜及每种菜系的特点。

【任务评价表】

序号	任务评价	评价指标	分值	自评（30%）	互评（30%）	师评（40%）	合计
1	行为银行（40分）	敬师	10				
		上课状态	10				
		文明	10				
		守时	5				
		下课	5				
2	专业能力（40分）	了解中国饮食文化的特点	10				
		理解饮食文化的内涵	10				
		理解当代中西方的饮食文化差异	10				
		能辩证地分析当代各地域、各民族的饮食特征	10				
3	创新意识（20分）	创新思维展示	10				
		创新性成果展示	10				
		合计	100				
		综合得分					

实践任务

实践任务五　探究我国古代科技成就

教学章节	实践任务： 探究我国古代科技成就	姓名：	学号：	组号：
		班级：	日期：	
	课程名称：中华优秀传统文化			

【任务目标】

知识目标

- ❖ 了解我国古代科技成就内容。
- ❖ 理解我国古代科技成就对历史进步的推动作用。

能力目标

- ❖ 自学能力：有阅读工程力学及相关教学参考书的能力。
- ❖ 动手能力：具备一定的读写能力。
- ❖ 综合能力：具备团队合作意识及综合素养。

素养目标

- ❖ 综合素质：发现问题、分析问题、解决问题、技术创新。
- ❖ 科学精神：敬业、专注、毅力、精益、创新、学术道德。
- ❖ 学术文化：我国古代科学研究与科技创新的归属感与荣誉感。
- ❖ 职业道德：学术诚信、遵纪守法、安全责任、职业行为、使命意识。
- ❖ 品德教育：家国情怀、中国智慧、中国力量、社会主义核心价值观、理想信念教育、爱国主义教育、民族自豪感、"四个自信"。

【任务实施】

我们即将进入古代科技成就课后实践任务的学习，请你通过个人学习、小组讨论、信息查找等方法，并结合工作页完成以下学习任务。

导入：赵州桥的辉煌历史简介

下图为具有 1400 多年历史的赵州桥，请你查阅史料学习赵州桥的历史，通过赵州桥在世界的显赫地位，简要写一写你的民族自豪感。

_____
_____
_____
_____
_____
_____

发布学习任务

子任务一：根据下面的历史人物的名字，写出他们创造的科技成就。注意书写工整、认真严谨、一丝不苟，展现科学态度。

1. 张衡：_____

2. 祖冲之：_____

3. 刘徽：_____

4. 甘德与石申：_____
_____

5. 徐霞客：_____
_____

6. 李时珍：_____
_____

7. 宋慈：_____
_____

8. 李冰：_____
_____

9. 蔡伦：_____
_____

10. 毕昇：_____
_____

想一想：我国古代的科技成就为什么这么辉煌，请你联系"四个自信"的内容说一说你的想法。
_____
_____

实践任务

自我评价：

难易程度：☆☆☆☆☆；掌握情况：👍👍👍👍

完成以上部分请与教师沟通。💬💬💬

💡 子任务二：请你来说一说，你知道的我国古代科技成就。注意书写工整、认真严谨、一丝不苟，展现科学态度。

自我评价：

难易程度：☆☆☆☆☆；掌握情况：👍👍👍👍

完成以上部分请与教师沟通。💬💬💬

💡 子任务三：学习了本节课，写一写你的民族自豪感和对中华优秀传统文化的热爱。注意书写工整、认真严谨、一丝不苟，展现科学态度。

【任务评价表】

序号	任务评价	评价指标	分值	自评（30%）	互评（30%）	师评（40%）	合计
1	行为银行（40分）	敬师	10				
		上课状态	10				
		文明	10				
		守时	5				
		下课	5				
2	专业能力（40分）	了解我国古代科技成就内容	10				
		理解我国古代科技成就对历史进步的推动作用	10				
		我国古代科学研究与科技创新的归属感与荣誉感	10				
		坚信中国力量	10				
3	创新意识（20分）	创新思维展示	10				
		创新性成果展示	10				
	合计		100				
	综合得分						

实践任务

实践任务六　探究我国传统手工艺

教学章节	实践任务：探究我国传统手工艺	姓名：	学号：	组号：
		班级：	日期：	
		课程名称：中华优秀传统文化		

【任务目标】

知识目标

- ❖ 了解传统手工艺创作规律和技法进行服饰品的设计与制作及发展历史。
- ❖ 了解中国传统手工艺概念、手工艺范畴、类型及历史，以及艺术美学等相关知识。

能力目标

- ❖ 掌握中国剪纸、年画、皮影戏、刺绣等手工艺的基本情况、成就、基本精神。
- ❖ 能够欣赏传统艺术作品。

素质目标

- ❖ 综合素质：发现问题、分析问题、解决问题、文化创新。
- ❖ 科学精神：敬业、专注、毅力、精益、创新、协作。
- ❖ 学术文化：我国传统手工艺蕴含的文化精髓与科学内涵。
- ❖ 职业道德：精益求精、一丝不苟、认真严谨、文化传承。
- ❖ 品德教育：家国情怀、中国智慧、中国力量、社会主义核心价值观、理想信念教育、爱国主义教育、民族自豪感、"四个自信"。

【任务实施】

我们即将进入传统手工艺课后实践任务的学习，请你通过个人学习、小组讨论、信息查找等方法，并结合工作页完成以下学习任务。

导入：我国传统手工艺剪纸艺术简介

下图是一幅传统手工艺剪纸图，请你根据这幅图谈谈你对剪纸艺术的感想。

_____
_____
_____
_____

发布学习任务

💡 子任务一：根据传统手工艺章节的学习，完成下列任务。注意书写工整、认真严谨、一丝不苟，展现科学态度。

1. 我国传统文化艺术都有哪些形式？
   _____。

2. 舞狮子的意义是什么？
   _____。

3. 剪窗花的意义是什么？
   _____。

4. 剪福字的含义是什么？
   _____。

5. 我国传统年画的内容有哪些？
   _____。

6. 怎样理解传统手工艺是中国文化的瑰宝？
   _____。

❓ 想一想：我国传统手工艺蕴含的中国元素与中国智慧对世界非物质文化遗产资源库产生哪些影响？
_____
_____
_____

自我评价：
难易程度：☆☆☆☆☆；掌握情况：👍👍👍
完成以上部分请与教师沟通。💬💬💬

💡 子任务二：请你来说一说，为什么过年贴福字要倒着贴？注意书写工整、认真严谨、一丝不苟，展现科学态度。

_____
_____
_____
_____
_____
_____
_____

自我评价：
难易程度：☆☆☆☆☆；掌握情况：👍👍👍
完成以上部分请与教师沟通。💬💬💬

💡 子任务三：选一个你喜欢的题材，自己剪一幅窗花，并写出你剪的窗花蕴含的深意。注意书写工整、认真严谨、一丝不苟，展现科学态度。

_____
_____
_____
_____
_____
_____

自我填写行为积分银行，约束行止。
_____
_____
_____
_____
_____
_____

【任务评价表】

序号	任务评价	评价指标	分值	自评（30%）	互评（30%）	师评（40%）	合计
1	行为银行（40分）	敬师	10				
		上课状态	10				
		文明	10				
		守时	5				
		下课	5				
2	专业能力（40分）	了解传统手工艺创作规律和技法	10				
		了解中国传统手工艺的概念、范畴、类型及历史，以及艺术美学等相关知识	10				
		了解我国传统手工艺的发展历史及特点	10				
		了解我国传统手工艺对于世界文化的影响	10				
3	创新意识（20分）	创新思维展示	10				
		创新性成果展示	10				
	合计		100				
	综合得分						

实践任务

实践活动七　探究传统生活礼仪

教学章节	实践任务： 探究传统生活礼仪	姓名：	学号	组号：
		班级：	日期：	
		课程名称：中华优秀传统文化		

【任务目标】

知识目标

- ❖ 了解传统礼仪发展历史。
- ❖ 了解中国传统礼仪的相关知识。

能力目标

- ❖ 能够通过对古代生活礼仪的学习，具有礼仪风范。

素养目标

- ❖ 综合素质：发现问题、分析问题、解决问题、文化创新。
- ❖ 科学精神：敬业、专注、毅力、精益、创新、协作。
- ❖ 学术文化：我国传统礼仪蕴含的文化精髓与科学内涵。
- ❖ 职业道德：精益求精、一丝不苟、认真严谨、文化传承。
- ❖ 品德教育：家国情怀、中国智慧、中国力量、社会主义核心价值观、理想信念教育、爱国主义教育、民族自豪感、"四个自信"。

【任务实施】

我们即将进入传统手工艺课后实践任务的学习，请你通过个人学习、小组讨论、信息查找等方法，并结合工作页完成以下学习任务。

导入：根据成人礼的整体流程，组织一次成人礼

1. 司仪致辞

谨此××××××（填写时间，例如：戊戌年初秋）时节，于××××××（地点）为诸学子，同行冠笄之礼，祈我少年，明礼知义，志存高远，巍巍华夏，薪火相传！恭请，冠者、笄者登台就位！

2. 就位

参加汉服成人礼成员整理队形、队列。（队形可根据人数自行排列）

3. 迎宾

现场人员用掌声欢迎参加观礼的嘉宾、老师。（人数不宜超过十人）

4. 明志宣誓

（面向孔子像）

巍巍中华，浩浩其行；赐我荣光，降我大任；

强我体魄，砺我精神；树我正气，振我国魂；

成人立事，责任在心；俭以养德，朴以修身；
信以立业，诚以待人；忠以报国，孝以待亲；
志存高远，心怀礼仁；遵守法纪，学做公民；
天道酬勤，温故知新；博学弘毅，敏言慎行；
生如夏花，莞尔韶华。铁肩道义，肝胆赤诚；
铮铮誓言，师友为证；任重道远，奋然前行。
龙之传人，天命东方。弱冠即加，如之栋梁。
道义不辞，大任始成。生逢盛世，万邦竞驰。
中华复光，千古一遇。赤子安在，吾辈既征。
吾将修身，一日不怠。忠孝信智，温良俭恭。
吾将齐家，一日不怠。不独己身，博爱兼施。
不骄不馁，中华气度。诚信中规，义利兼求。
烈祖赐我荣光，苍生降我大任。
今之明誓，天地为证。
吾祖吾师，实鉴临之。

5. 宾盥

主宾代表洗手做准备。主宾起身，司仪相随并引导，主宾洗手并拭干后，与司仪相互揖让，各自归位。

6. 加冠、加笄

一男一女代表行至主席台，并由师长加冠、加笄。

7. 扇拜之礼

一扇：去自身骄奢之心，养勤俭之气。

一拜：行正规拜礼，心怀感激，拜父母养育之恩。

二扇：去自身疲懒之心，养勉学之气。

二拜：面向正宾行正规拜礼，表示对师长来宾的尊敬。

三扇：去怯弱之心，养浩然之气。

三拜：面向国旗行正规拜礼，表示报效祖国建设祖国之心。

8. 授字

行礼者行至主宾前，领取成人礼证书，并向老师行礼。

9. 聆训

行礼者聆听老师代表、长辈教诲。

10. 揖谢

行礼者向在场的所有观礼者行揖礼以示感谢。

11. 礼成

全体起立由司仪宣布礼成退场。

【任务评价表】

序号	任务评价	评价指标	分值	自评（30%）	互评（30%）	师评（40%）	合计
1	行为银行（40分）	敬师	10				
		上课状态	10				
		文明	10				
		守时	5				
		下课	5				
2	专业能力（40分）	了解传统礼仪发展历史	10				
		了解中国传统礼仪的相关知识	10				
		有阅读相关教学参考书的能力	10				
		具备行礼规范的能力	10				
3	创新意识（20分）	创新思维展示	10				
		创新性成果展示	10				
	合计		100				
	综合得分						

实践活动八　探究传统体育

教学章节	实践任务： 探究传统体育	姓名：　　　　学号：　　　　组号： 班级：　　　　日期：
		课程名称：中华优秀传统文化

【任务目标】

知识目标

- ❖ 了解传统体育运动的人文知识与发展历史。
- ❖ 掌握科学锻炼身体的基本原理和方法及与生活的联系。

能力目标

- ❖ 掌握有效提高身体素质、全面发展体能的知识与方法，培养终身体育锻炼的能力。

素质目标

- ❖ 传承中国优秀传统文化，促进身心健康。
- ❖ 形成健康意识和终身体育观。

【任务实施】

我们即将进入传统体育课后实践任务的学习，请你通过个人学习、小组讨论、信息查找等方法，并结合工作页完成以下学习任务。

导入：古代体育运动有哪些

 下图所示是古代两项体育运动，请你谈谈你喜欢哪项运动及其特点。

_____
_____
_____
_____

【任务评价表】

序号	任务评价	评价指标	分值	自评（30%）	互评（30%）	师评（40%）	合计
1	行为银行（40分）	敬师	10				
		上课状态	10				
		文明	10				
		守时	5				
		下课	5				
2	专业能力（40分）	了解传统体育运动的人文知识与发展历史	10				
		掌握科学锻炼身体的基本原理和方法及与生活的联系	10				
		掌握有效提高身体素质、全面发展体能的知识与方法，培养终身体育锻炼的能力	10				
		形成健康意识和终身体育观	10				
3	创新意识（20分）	创新思维展示	10				
		创新性成果展示	10				
	合计		100				
	综合得分						

实践活动九　探究少数民族体育运动

教学章节	实践任务：探究少数民族体育运动	姓名：	学号：	组号：
		班级：	日期：	
	课程名称：中华优秀传统文化			

【任务目标】

知识目标

❖ 了解少数民族体育运动的人文知识与发展历史。

❖ 了解少数民族传统体育的特点、社会功能和教育价值。

能力目标

❖ 掌握基本理论知识、基本技术，为培养终身体育的良好习惯打下坚实基础。

素质目标

❖ 传承少数民族体育运动，树立保护非物质文化遗产意识。

❖ 弘扬多元体育文化。

【任务实施】

我们即将进入少数民族体育运动课后实践任务的学习，请你通过个人学习、小组讨论、信息查找等方法，并结合工作页完成以下学习任务。

导入：少数民族体育运动有哪些?

 下图中有四项少数民族体育运动，请你谈谈你喜欢哪项运动及其特点。

_____

_____

【任务评价表】

序号	任务评价	评价指标	分值	自评（30%）	互评（30%）	师评（40%）	合计
1	行为银行（40分）	敬师	10				
		上课状态	10				
		文明	10				
		守时	5				
		下课	5				
2	专业能力（40分）	了解少数民族体育运动会的人文知识与发展历史	10				
		了解少数民族传统体育的特点、社会功能和教育价值	10				
		传承少数民族体育运动，树立保护非物质文化遗产意识	10				
		弘扬多元体育文化	10				
3	创新意识（20分）	创新思维展示	10				
		创新性成果展示	10				
	合计		100				
	综合得分						

参 考 文 献

[1]　[唐] 王维. 王维集校注 [M]. 陈铁民，校注. 北京：中华书局，1997.

[2]　梅桐生. 楚辞今译 [M]. 贵阳：贵州人民出版社，2000.

[3]　陈振鹏，章培恒. 古文鉴赏辞典 [M]. 上海：上海辞书出版社，2014.

[4]　朱东润. 中国历代文学作品选（上编）[M]. 上海：上海古籍出版社，2008.

[5]　夏承焘. 唐宋词欣赏 [M]. 杭州：浙江古籍出版社，2003.

[6]　沈松勤，叶志衡. 中国古代文学作品选（上）[M]. 北京：北京师范大学出版社，2017.

[7]　林晓新，曹丽敏. 中国传统文化 [M]. 南昌：江西高校出版社，2020.

[8]　杨文涛. 中国传统文化 [M]. 北京：中国言实出版社，2020.

[9]　高鸿. 中华传统文化经典诵读之乐读诗文 [M]. 长春：东北师范大学出版社，2019.

[10]　方建华. 中华优秀传统文化概要 [M] 南京：江苏凤凰教育出版社，2021.

[11]　卓雅. 中国传统文化 [M] 长春：东北师范大学出版社，2019.